スポーツ雑誌のメディア史

ベースボール・マガジン社と大衆教養主義

佐藤彰宣［著］

勉誠出版

目次

第II部　総合出版への派生

第四章　スポーツ出版王国への拡大——一九五〇年代における啓蒙志向の模索

スポーツ雑誌のメディア史——ベースボール・マガジン社と大衆教養主義

序章　スポーツ雑誌と「教養」はなぜ結びついたのか

スポーツ出版社の論壇誌

一九六七年、『潮流ジャーナル』という論壇誌が創刊された(図0-1)。「知識人のための総合週刊誌[1]」と銘打たれた同誌は、小田実や日高六郎、南條範夫ら著名な知識人・文化人を擁し、読者欄では「べ平連」や「革新都政」など当時の政治や社会に関する硬派な話題が議論されている。『朝日ジャーナル』に対抗する週刊論壇誌として、政治・社会・文芸に関する評論記事を前面に出す『潮流ジャーナル』だが、興味深いのは、その発行がベースボール・マガジン社を母体とする系列出版社によってなされていた点にある。

ベースボール・マガジン社といえば、すぐに『週刊ベースボール』や『週刊プロレス』といったスポーツ雑誌が想起されよう。実際、ベースボール・マガジン社自身が現在では「総

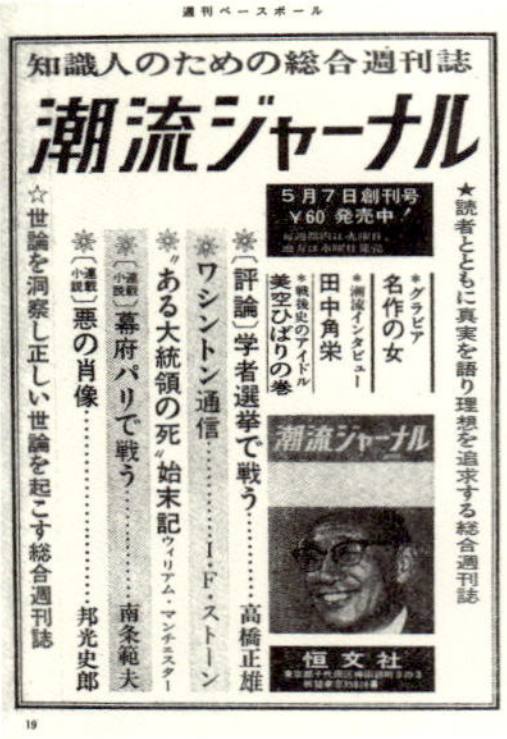

図0-1 『潮流ジャーナル』（1967年創刊—同年休刊）の広告
（左『週刊ベースボール』1967年5月8日号、右『読売新聞』1967年5月9日朝刊）

合スポーツ出版社」と名乗っており、[2] その存在は出版業界においても「本邦唯一の体育とスポーツの総合出版社」として知られている。[3]

しかし、ベースボール・マガジン社の過去を紐解くと、そこには今日われわれがイメージする「スポーツ雑誌」あるいは「スポーツ出版社」のあり方とは別の姿が見て取れる。例えば、一九五〇年代初頭の『ベースボール・マガジン』には読者からの以下のような投書がみられる。

> マガジンがつねに高きを念として、ファンの好みに媚びるが如き編集ぶりを示さぬ態度は、まことに結構である。雑誌も一種の商品であろうから、多くを売らんが為には得てして、本来の調子を落

してまで、読者の御機嫌をとろうと計るのはやむをえぬだろう。マガジンは、それをしない。従つて読者も他誌にくらべ、ずーつと高い教養を備えたファンが多いはずだ。だからこそ私も敢えて、こういう提言をするのだ。つまり「読者の声」欄が、球界全般への〝明るい燈明〟であつてほしいのだ。(4)

もちろん全ての読者が「教養」を求めて読んでいたわけではなく、「遊び」や「気晴らし」としてスポーツ雑誌を手にとる人々もいただろう。だが、戦後初期のスポーツ雑誌の誌面上には、「教養」や「高尚さ」を語る編集者や読者の声が少なからず存在する。当時の『ベースボール・マガジン』は、内村鑑三の息子である東大の精神科医・内村祐之を主要論客とし、読者からは総合雑誌の「改造や世界に値する高尚な本」とみなされていた。(5)

さらにベースボール・マガジン社が「スポーツ出版王国」として覇権を収めていく一九五〇年代以降、同社の創設者であった池田恒雄はスポーツ雑誌出版だけでは飽き足らず、姉妹会社として恒文社を起ち上げ、先述の論壇誌やソ連の情報誌、東欧の文学全集など、社会・文化・芸術に関係する出版事業を展開していったのである。

スポーツ雑誌における「教養」

では、なぜスポーツ雑誌上で「教養」が語られ、またスポーツ出版社であるベースボール・マガジン社が論壇誌を出すに至ったのか。戦後初期におけるベースボール・マガジン社の雑誌刊行の系譜を追うことで、現在のスポーツメディアのあり方とは異質な、スポーツ雑誌と「教養」との結びつきに光を当てたい。

ただし、ここで問題としたい「教養」とは、スポーツ雑誌の内容が実際に知的だったかどうかではなく、スポーツ雑誌を取り巻く人々が「知的さ」を見出そうとする認識の次元にある。もちろん、スポーツ雑誌が人文学書や総合雑誌と同じ水準で社会・文化のテーマを扱ったわけではない。そもそも現実の誌面上では、教養的な要素と娯楽的な要素は入り混じっており、両者を明確に分類することはできない。だからこそ本書では、実際の誌面内容が教養的であるか否かという「実態」よりも、当時の社会状況の中で編集者や読者がどのような雑誌のあり方を良しとしたのかという「規範」に重きを置いて、分析を進めたい。

よって本書は、ベースボール・マガジン社による雑誌出版の動向を追いながら、それぞれの雑誌をめぐって誌面上で編集者と書き手、読者の間でどのような議論がなされていたのかをみていく。その狙いは、編集者の掲げた雑誌作りの理念や書き手のスポーツ批評への思い、読者が抱く雑誌への期待や不満を明らかにすることにある。そうした雑誌を媒介にした議論こそが、各時代のスポーツ雑誌のあり方を規定し、「読むスポーツ」としての出版文化を突き動かしてきた側面もあろう。各時代状況においてスポーツ雑誌という媒体に込められた社会的な意味が変化したとすれば、いかなる社会においてスポーツ雑誌に「教養」的な価値規範が見出されたのだろうか。

本書の目的は、どのような時代状況においてスポーツ雑誌に教養的イメージが付与されるのか、そのようなスポーツ雑誌と「教養」が結びついた社会のあり様を解明することにある。具体的には、一九七〇年までのベースボール・マガジン社の雑誌出版を事例に、各雑誌での編集者や読者の議論を整理・検討していく。

一九六七年末、実はベースボール・マガジン社は倒産危機に陥っている。[6] 会社更生法が適用され、事業の縮小を余儀なくされたこの時期は、ベースボール・マガジン社にとってひとつの転換点であった。雑誌刊行としては、論壇誌やその他の社会・文化に関する雑誌は休刊に追い込まれ、スポーツ雑誌にのみ専念せざるを得なくなったなかで、むしろ今日想起されるような「スポーツ総合出版社」としての立ち位置を固めていった。[7] その意味で、ベースボール・マガジン社が野球雑誌から他のスポーツ誌、さらには社会・文化系の出版事業へと拡張し、それが頓挫していく一九七〇年までの時期を取り上げることによって、現在のスポーツ雑誌が成立する以前の状況を明らかにしたい。

今日的なスポーツ雑誌が成立するまでに、いかなるスポーツ雑誌のあり方が模索されたのか。かつてはありえたスポーツ雑誌のメディアとしての可能性と限界を提示することで、現在におけるスポーツとメディアの関係性を問い直す。

啓蒙志向としての雑誌理念

スポーツ雑誌と「教養」との結びつきを読み解く本書は、①啓蒙志向としての雑誌理念、②「読むスポーツ」の規範、③雑誌のメディア機能、としての三つの分析視角からベースボール・マガジン社の系譜の整理・検討を行う。

創刊当初の『ベースボール・マガジン』の編集方針やベースボール・マガジン社の出版理念の特徴は、読者への教育を主眼に据えた「啓蒙」志向にあった。[8] 池田恒雄は『ベースボール・マガジン』の編集長として「読者の口にあわないのを無理に食わせることもあろう。しかしそれが読者の健康のためになるならば、文句は承知でやってみたくなる」[9]、あるいは「筆をとる社友の方々は、日本球界の第一線を行く人々であるから、その筆陣によって野球への道を啓蒙する」[10]と、読者を指導する「啓蒙」的な雑誌作りの理念を説いた。読者の側もこれを支持し、誌面のなかで少しでもその性格が薄れると、読者自身が「余りに娯楽調すぎるのではないか」と苦言を呈すほどであった。[11]

表0-1　ベースボール・マガジン社および恒文社による年度ごとの雑誌刊行点数

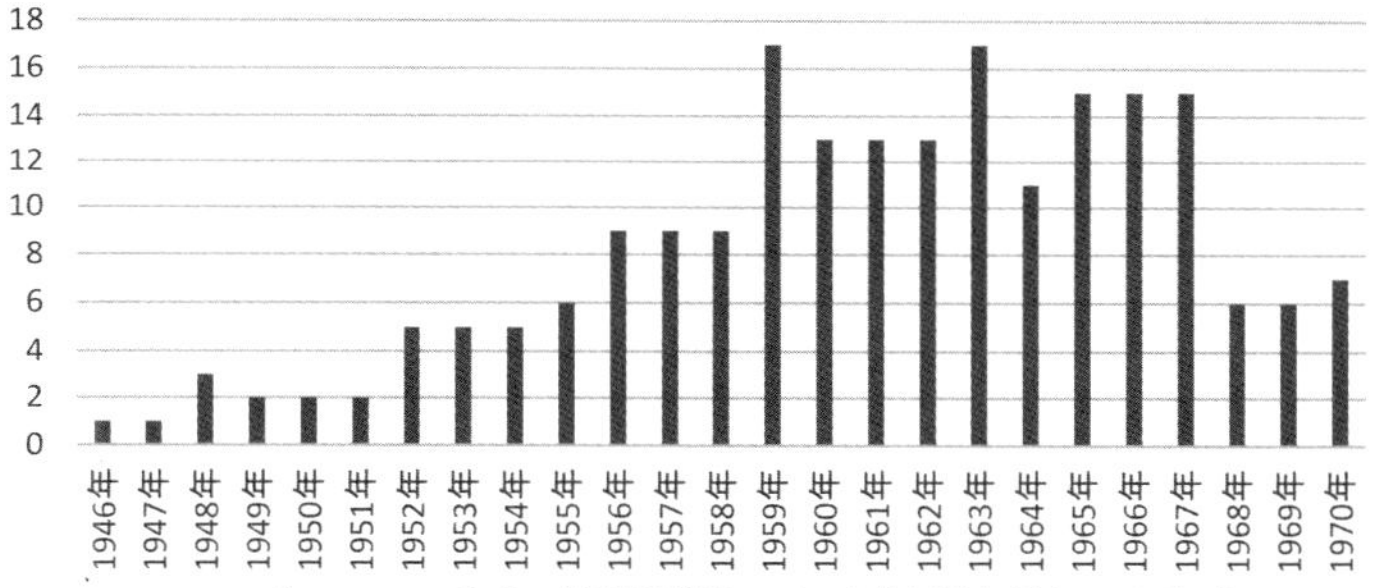

ベースボール・マガジン社刊行雑誌および『出版年鑑』より作成

さらに池田は「犠牲出版」として、多種多様なスポーツ専門誌を創刊するだけでなくスポーツ以外の分野にも乗り出すような採算度外視の出版事業を展開し、大量の雑誌を刊行していった（表0-1）。その結果、先述したように一九六七年にベースボール・マガジン社は一時、倒産の危機に瀕し、会社更生法の適用にまで追い込まれている。

　雑誌編集は大澤聡が指摘するように、通常「熾烈な販売競争の下で読者の消費欲求やニーズをいかに喚起／充足させるか」という「商業主義のロジック」が作動している。[12] しかし、池田とベースボール・マガジン社の理念は、むしろ「商業主義のロジック」から距離を取り、「犠牲出版」を強調した。もっとも、「犠牲出版」を強調する啓蒙志向の理念自体が、ある時代には「読者のニーズを喚起／充足させるための販売戦略」として機能し、野球雑誌界における「販売競争」のなかで『ベースボール・マガジン』は唯一生き残ったという面もある。だが、『ベースボール・マガジン』の刊行だけでは飽き足らず、他のスポーツ、さらには他のジャンルへと拡張していく池田の出版事業の展開は、「商業主義のロジック」だけでは説明できない。

「読むスポーツ」の規範

一九六〇年代までのベースボール・マガジン社の他分野への雑誌刊行の拡大を検討するうえで、同社の設立者である池田恒雄の存在は見逃せない。冒頭で紹介した論壇誌『潮流ジャーナル』やソ連の情報誌『スプートニク』などは、いずれも池田がベースボール・マガジン社の姉妹会社として立ち上げた恒文社から刊行している。池田恒雄の名から命名された「恒文社」での出版事業は、その名が示す通り、池田の肝入りで行われたものであり、「スポーツ・体育書以外の一般教養及びその他書籍」の刊行を基本とした。[13]

池田は、このようにスポーツ雑誌の出版だけでは飽き足らずに、それ以外の分野についての出版事業を展開していった。だが、恒文社のあり方は決してベースボール・マガジン社と切り離して考えられるものではなく、むしろ読者を指導する啓蒙志向としての雑誌作りの理念の一環でもあったと考えられる。池田はスポーツ雑誌編集者としてキャリアを積みながら、その過程でスポーツ界の関係者だけでなく、学識者との交流を積極的に築き、実際にスポーツ雑誌の誌面上にも頻繁に登場させていた。つまり恒文社の展開は、一九六〇年代までのベースボール・マガジン社の雑誌作りの延長線上にあったのだ。そのように学識者との交流関係をもとに様々な出版物を刊行していった池田は、周囲からも「本を愛した人」としてしばしば評されていた。[14] その意味で、ベースボール・マガジン社の出版動向を仔細に見ていくと、そこには日本社会におけるスポーツと読書文化の接点も垣間見えよう。

図0-2　ベースボール・マガジン社創設者・池田恒雄
(ベースボール・マガジン社編『志――ベースボール・マガジン社創立70周年』)

では、なぜベースボール・マガジン社と池田は啓蒙志向を選び取り、スポーツ雑誌の出版だけでは飽き足らずに、分野外の様々な雑誌を刊行していったのか。そしてまた、冒頭で示したように、特定の時期において読者は池田の理念を支持していたのか。それらの背後には、「教養主義」の存在が窺える。教養主義とは、人文学書の読書を通じて人格陶冶を目指す態度であるが、竹内洋『教養主義の没落』(二〇〇三年)などのように、これまでは主として大学キャンパスにおいて形成された「エリート文化」として論じられてきた。そのような大学キャンパスでの教養主義は、歴史・文学・哲学など難解な人文学書を対象とするが、ベースボール・マガジン社や池田が掲げる啓蒙志向は、編集者や読者が共有していたスポーツに「教養」らしさを見出そうとする規範によって支えられていた。スポーツ雑誌上での「教養」は、大学の教養主義が扱うような歴史や文化、芸術といった人文学の「知」を後背としながらも、同じ水準の読書が求められたわけではなく、むしろそうした大学での教養主義に接近しようとする態度自体に価値が置かれた。その意味で、ここでは何を教養としたのかという内容に関係なく、「教養」的な価値に惹かれ、何とかスポーツに知的なものを読み込もうとする、いわば「読むスポーツ」の規範に着目する。[15]

雑誌のメディア特性

とはいえ、スポーツとメディアの取り結び方を考える上で、なぜ雑誌を取り上げるのか。「読むスポーツ」といえば、雑誌のみならず、新聞や書籍も同じ活字メディアに括ることができよう。しかしながら、マーシャル・マクルーハンが「メディアはメッセージである」と提唱したように、送り手と受け手を媒介するメディウム（媒体）の形式によって、コミュニケーションの意味内容も変化しうる。[16] すなわち、同じ活字メディアでの「読むスポーツ」

といえども、雑誌か新聞か書籍か、媒体の違いによってそこで経験される「読むスポーツ」の意味も変わってくるのである。

このようなメディア論の視座をふまえ、本書が雑誌という媒体に着目する理由をいえば、それは雑誌に設けられている編集後記および読者欄の存在と、定期的な刊行形態にある。編集者が編集後記で雑誌の理念を説くとともに、読者が読者欄で雑誌のあり方や記事の内容について定期的に意見を交わす。こうした編集者と読者、さらに書き手を巻き込んだコミュニケーションの場としての雑誌の特性ゆえに、スポーツ雑誌に「教養」を見出そうとする規範がどのように共有されえたのか（その後、衰退していったのか）というプロセスを観察することもできよう。

雑誌という媒体において共有される規範については、ロジェ・シャルチエが指摘する「読者共同体」の議論をふまえると明瞭になる。[17]「読者共同体」は「書物の「読み方」を同じくする人々」としての理念型であるが、とりわけ雑誌は上述した読者と編集者のコミュニケーションとしての特性ゆえに「読者共同体」の輪郭もはっきりしたものとなる。佐藤卓己が指摘するように雑誌は「書棚にストックされる書物と、毎日読み捨てられるフローな新聞との中間にあるメディウム[18]」といえる。さらに、河崎吉紀は佐藤の議論をふまえて、読者の対象が新聞ほど一般化されておらず、書籍ほど特殊化されていない、そのような公的な空間と私的な空間の中間にある雑誌だからこそ、「同じ雑誌を買い、読み、思いを一にする人々が他にもいるという期待」が生じ、「想像の読者共同体」としての性格が帯びると論ずる。[19]これらの雑誌と「読者共同体」の親和性についての議論を参照しながら、本書では編集者や読者の言説から、雑誌に関わる人々がいかなる「読み方」を規範として選び取っていったのかを明らかにしたい。

雑誌上で形成された規範を明らかにするために、本書では各雑誌のあり方をめぐる編集者と読者の応答（読者欄や編集後記）を主たる分析対象とする。ただし、読者欄に掲載された投書は、もちろん読者全体の声をそのまま反映したものではなく、編集者によって選別されたものとみなすのが当然だろう。だが、本書が着目する啓蒙志向という点から見れば、誌面に掲載される投書はむしろ単なる一読者の声を超えて、編集者側が共有すべきとした公論として捉えることも出来よう。換言すれば、雑誌上で共有された規範は、多様な読者の関心を啓蒙志向としてある一定の方向へと指導しようとする編集者の「介在・調整」によってこそ、はじめて成立するものと考えられる。そのためにも、池田をはじめとするベースボール・マガジン社の雑誌作りの理念や出版動向について、本書では詳細に整理・記述していく。と同時に、ベースボール・マガジン社の雑誌がどのように読まれたかについては、当該雑誌の「読者欄」だけでなく、『図書新聞』や『出版年鑑』など当時の出版史料における評価言説を洗い出すことによって、出版界におけるベースボール・マガジン社の位置づけや、ひいてはメディアのなかでのスポーツ雑誌の社会的な機能を検討したい。

「メディアスポーツ研究」

本書の問題意識と関連する既存の研究は、スポーツ社会学におけるメディアスポーツ研究と、メディア史のなかでの雑誌研究のふたつの領域に大別できる。

メディアとスポーツが取り結ぶ社会的な関係については近年、メディアスポーツ研究として検討されてきた。ここでいう「メディアスポーツ」とは、黒田勇によると「メディアに媒介されたスポーツ文化全般」を指し、「メディアスポーツ研究」では「スポーツメディアが作り出す番組や記事といった内容(text)、そしてそれを受け取る受け手(audience)、あるいは消費者の行動、これらの相互作用としての現れる現象」を扱うとされている[20]。

こうしたメディアスポーツ研究は、スポーツ社会学の領域をはじめとして、一定の研究蓄積がある。橋本政晴は「メディアスポーツ研究の経緯」を次の四つの展開から整理している[21]。まず①マスコミ研究に基づき紙面や番組を分析することでメディアの影響力を測定した研究、次に②記号論的なテクスト分析をもとにメディアスポーツのイデオロギー批判を行う研究、そして③メディア・イベント論の視座から儀礼としてのメディアスポーツを分析した研究、④カルチュラル・スタディーズに影響を受けた意味闘争の場としてのメディアスポーツを読み解く研究である。

いずれの研究にも共通するのは、メディアの中でのスポーツの扱われ方＝番組や紙面といったテクストに関心を置いている点にある。特に昨今は④カルチュラル・スタディーズに影響を受けた意味闘争の場としてのメディアスポーツを読み解く研究が盛んである。そこでは、テクストに孕むナショナリズムやジェンダー、人種といった問題系が鋭く指摘されている。[22]また近年では、オーディエンス研究やファン・カルチャー研究の潮流に沿って、受け手であるスポーツファンの視座に基づく研究も行われている。[23]

ただ、テクストとして番組や紙面の内容分析が精緻化され、またスポーツファンの日常的な営みが記述される一方で、これまでの研究ではメディアの媒介作用にはあまり注目が払われず、スポーツ雑誌の果たしてきた機能や特性は見落とされてきた。言い換えれば、テレビでの「見るスポーツ」とは異なる、雑誌を介した「読むスポーツ」の社会的な意味は十分には検討されてこなかったのである。

だが、スポーツ雑誌には、テレビや新聞とは違った、雑誌という媒体独自のスポーツとの関係が存在したはずである。その意味で、メディア上でのスポーツの扱われ方＝内容に注目してきた「メディアスポーツ研究」のみならず、メディアそのものの特性や機能に着目した

「スポーツメディア研究」も必要ではないだろうか。

本書では、「メディアスポーツ研究」の知見も踏まえつつ、「スポーツメディア研究」として雑誌という媒体の特性に着目しながら、スポーツ雑誌に付与された社会的な意味の変容を解明していく。雑誌というメディアの特性に着目してこそ、戦後日本のスポーツ文化の一端として存在していたスポーツと「教養」との結びつきに光を当てることができよう。

メディア史での雑誌研究

雑誌のメディアとしての機能や特性に着目した研究としては、メディア史における雑誌研究が近年盛り上がりを見せている。とりわけ佐藤卓己は、『「キング」の時代』(二〇〇二年)・『図書のメディア史』(二〇一五年)などで、「メディアはメッセージ」というマクルーハンのテーゼを踏まえながら、誌面の「内容」分析よりも、メディア環境における「媒体」そのものの分析を重視したメディア史としての雑誌研究のアプローチを提示している。

そもそも雑誌独自の媒体としての特性について、いち早く指摘したのは永嶺重敏『雑誌と読者の近代』(一九九七年)であった。永嶺は『中央公論』や『キング』といった近代日本における雑誌の受容史を検証する中で、雑誌の媒体としての特性が「単にニュースや情報を得るためのメディアではなく、それは、読者との複雑かつ多様な強い愛着関係の中で存在している」点にあることを指摘した[24]。そしてそれゆえに、人々は「各自の選択した特定のある雑誌を『唯一の友』として『唯一の師』として濃密な人格的一体感の中で受容」すると論じる。スポーツ雑誌においても、編集者と読者は単に情報を交換していただけではない。自分が選択したスポーツへの「濃密な人格的一体感」を雑誌の中で見出していった。

しかもそのような雑誌の読者は、各自が特定の雑誌文化を個人的に愛好するだけではなかった。佐藤卓己は、戦時体制において『キング』が形成した言説空間を、「参加の感覚」によって大衆を動員する「国民的公共圏」であったと指摘する[25]。雑誌に常設されている読者欄は、個人にとっての特定の雑誌文化への愛着表現の場であると同時に、自らが公共圏に参入し、雑誌文化の形成に寄与する点で「参加の感覚」を促す側面もあるのだ。その意味で、「雑誌を読む」ということは、誌面の向こうに他の読者を想定し、疑似的に交流する行為であるといえよう。そこに、雑誌を媒介にして特定の価値規範が共有される契機が見られる。

本書もこの視座に負うところが大きい一方で、これまでの雑誌研究では、『世界』や『中央公論』などの論壇誌か、『キング』や『平凡』などの大衆娯楽誌を取り上げるのが一般的で、スポーツ雑誌の存在は総じて等閑視されてきた[26]。

しかし、スポーツ雑誌は取るに足らないメディアであったのだろうか。テレビが登場した一九五〇年代以降、一見すると視覚的でかつ即自的なテレビという「新たなメディア」の登場によってスポーツ雑誌の地位は脅かされてもおかしくないと思われる。だがむしろ、一九五〇年代から六〇年代にかけてこそベースボール・マガジン社は「スポーツ出版王国」と評され、多種多様な専門誌を創刊していったのである。

だとすれば、戦後、テレビやラジオ等の放送メディアが発展（技術改良・社会的な普及）するなかで、なぜスポーツ雑誌はこれらの放送メディアと共存し得たのか。換言すれば、各時代状況（社会背景・メディア編成）において、スポーツ雑誌の機能はどのように変化したのか。さらに言えば、ベースボール・マガジン社は先述したように一九六〇年代において姉妹会社を設立し、スポーツ以外にも視野を広げる出版事業を展開していったが、それは雑誌文化においてどのような意味を持つものだったのか。

従来の雑誌研究において、多種多様化していく戦後の雑誌文化は、読者の関心をより細分化していく「セグメント」との関連で論じられてきたが、以上のようなベースボール・マガジン社における雑誌刊行の展開は、セグメントするどころか、むしろスポーツから社会・政治・芸術へと読者の関心の拡張を期待するものであった。

では、ベースボール・マガジン社の他分野への雑誌出版を後押ししたものは何だったのか。本書では、スポーツから政治・社会・文化へと拡大する雑誌出版の要因を検討する。その意味で、本書は、単に個別のスポーツ雑誌史のみに閉じたものではなく、これまで検討されてこなかったスポーツ雑誌から社会への関心の接続を問うことによって、戦後の雑誌文化が有していたダイナミズムを捉え直すものにもなろう。

本書の構成

各章の概要については以下の通りである。

第一部では、野球雑誌における啓蒙志向の盛衰を戦時から戦後の社会状況を踏まえながら跡付ける。具体的にまず第一章では、終戦時における『ベースボール・マガジン』創刊の前史として、池田恒雄が編集長として携わった戦時期のスポーツ雑誌『野球界』を取りあげる。出版史では『野球界』が戦時期、時局に応じて誌名や内容の変更を「余儀なくされた」とするエピソードがしばしば語られてきた。一方で日中戦争が勃発する一九三七年、折しも池田が編集長に就いた当時の『野球界』は、意外にも女性読者の存在が強調されるファン誌であった。では、ファン誌としての性格は、戦時社会の進展とともにどのように変容していったのか。当時の出版バブルや「国防国家体制」の理念、また野球や相撲などの大衆スポーツの社会的な位置づけなどに着目しながら、総力戦体制下でのスポーツ雑誌の変容プロセスを解明する。

続く第二章では、一九四六年に創刊された『ベースボール・マガジン』を扱う。『ベースボール・マガジン』は、終戦直後の野球雑誌創刊ブームのなかで「啓蒙志向」を掲げた。スポーツ記者以外の論者として、精神科医で東大教授でもあった内村祐之のような知識人を積極的に起用し、読者もまたこれを支持した。今日ではスポーツ雑誌の主要論客として大学教授がスポーツ論を披瀝する状況などあまり想像できないが、なぜ当時の『ベースボール・マガジン』は野球雑誌でありながら誌面に東大教授を登場させたのか。『ベースボール・マガジン』において啓蒙志向が選び取られ、読者からも支持された背景を、「ベースボール＝アメリカ＝デモクラシー」という占領期特有の野球言説の展開などから考察する。

第三章でも引き続き、『ベースボール・マガジン』を対象に、高度成長期における野球雑誌の変遷を分析する。一九五〇年代、『ベースボール・マガジン』はそれまでの啓蒙志向としての「読む雑誌」から、「見る雑誌」への方針転換を図った。その方針転換は、単に一雑誌の変化に留まらず、背後にはスポーツ新聞、テレビの登場といったメディア環境の再編成とともに、野球の社会的位置づけの変化など、当時の歴史社会的な文脈が存在した。こうした「読む雑誌」から「見る雑誌」への転換は、一九五〇年代末の週刊誌ブームにおける『週刊ベースボール』の創刊として帰結した。この『ベースボール・マガジン』の方針転換に対して、啓蒙志向を支持していた読者はどのように反応したのか。『ベースボール・マガジン』の「見る雑誌」化、さらに『週刊ベースボール』の創刊に至るプロセスを当時のメディア環境や社会状況の下で検討する。

そのうえで、第二部では、野球雑誌での啓蒙志向が、ベースボール・マガジン社刊行の他の雑誌へと派生していく過程を明らかにする。第四章では、野球雑誌運営が軌道に乗る一九五〇年代、ベースボール・マガジン社が野球以外の種目を扱う専門誌を創刊していった様子に着目する。その名の通り野球雑誌社を標榜したベースボール・マガジン社が、なぜ相撲、陸上、プロレスなど相次いで専門競技誌を刊行したのか。各雑誌において啓蒙志向はどのように展開されたのか（あるいはされなかったのか）、それとの関連で各スポーツにはどのようなイメージが付与されたのか。一九五〇年代におけるベースボール・マガジン社の他競技専門誌創刊の動きを追っていく。

そのようなベースボール・マガジン社の動向をふまえながら、第五章では東京オリンピック前後に刊行されたマイナースポーツ誌の社会的機能について、より具体的に考察したい。野球や相撲などに比べて、テレビや新聞などであまり取り上げられることのないマイナースポーツは雑誌上でどのように論じられ、それを愛好するファンは雑誌をどのように受容したのか。一九六五年に創刊された『サッカーマガジン』を中心に、読者のみならず協会関係者なども含めたマイナースポーツ愛好者が、雑誌という媒体に仮託した期待やコンプレックスを明らかにする。

そして第六章では、ベースボール・マガジン社および姉妹会社である恒文社が、一九六〇年代に展開していた社会・文化系雑誌の出版を扱う。ベースボール・マガジン社が「スポーツ出版王国」としての地位を確かなものにしていく一九六〇年代、一方でベースボール・マガジン社の創設者にして社長であった池田恒雄は恒文社を設立し、当時論壇誌や男性向け週刊誌、ソ連の情報誌の翻訳版を創刊するとともに、東欧系の文学・芸術に関する全集も刊行した。なぜ池田は、スポーツ雑誌の刊行だけではなく社会・文化に関する雑誌・書籍の出版事業にも乗り出したのか。スポーツと社会一般への関心がいかに接続するのかを問うために、ベースボール・マガジン社がスポーツ雑誌から社会・文化系出版へと派生していく要因を明らかにする。

終章では、ベースボール・マガジン社の展開を俯瞰したうえで、現代のスポーツ雑誌のあり様とそれを取り巻くメディア状況にも触れながら、啓蒙志向に支えられてきた戦後のスポーツ雑誌文化の可能性と限界について考察したい。

なお、資料の引用に際しては読みやすさを考慮して、旧字体の漢字は原則として、新字体のものに改めた。仮名遣いは、原文のままである。

注

(1)『潮流ジャーナル』の広告(『週刊ベースボール』一九六七年五月八日号)一九頁。
(2)池田哲雄「創立七〇周年にあたり」(ベースボール・マガジン社編『志――ベースボール・マガジン社創立七〇周年』ベースボール・マガジン社、二〇一六年)九頁(非売品)。
(3)塩澤実信『出版社大全』(論創社、二〇〇三年)四〇五頁。
(4)「読者の声」(『ベースボール・マガジン』一九五三年四月号)一六九頁。
(5)「読者と編集者」(『ベースボール・マガジン』一九五一年四月号)五一頁。
(6)ベースボール・マガジン社編、前掲注2、九五頁。
(7)恒文社は、その後も書籍として東欧系や小泉八雲などに関する出版物の刊行は継続しているものの、雑誌として主だって刊行されたものは一九六七年末の会社更生法適用以降、ローカル誌『新潟発』(二〇〇一年創刊―二〇〇六年休刊)を除いて見られない。
(8)「啓蒙」という用語は今日ではともすれば差別的なニュアンスも含む表現として留意が必要であるが、本書では当時の人々の意図を勘案してあえてこの表現を使用する。
(9)池田恒雄「編集室から」(『ベースボール・マガジン』一九四八年九月号)四〇頁。
(10)池田恒雄「編集後記」(『ベースボール・マガジン』一九四六年六月号)三四頁。
(11)「読者と編集者」(『ベースボール・マガジン』一九五七年二月号)二八三頁。
(12)大澤聡『批評メディア論――戦前期日本の論壇と文壇』(岩波書店、二〇一五年)二三頁。
(13)戦後二〇年日本の出版界編集委員会編『戦後二〇年 日本の出版界』(日本出版販売株式会社、一九六五年)一四九頁。
(14)牛木素吉郎「池田恒雄会長の志をしのぶ 本とスポーツを愛した一生――ビバ!サッカー」(『サッカーマガジン』二〇〇二年三月一三日号)一一三頁。

(15) いかなる雑誌のあり方を良しとしたのかという規範を取り上げるにあたって、本書が参照するのは、バーガー&ルックマンによる「知識社会学」の視座である。バーガー&ルックマンは従来の知識社会学が、「人間のものの考え方とそれが展開される社会的文脈との間の関係を問題とする」ものの、その対象が思想家の知的状況の諸問題に限られてきた点を批判したうえで、知識社会学のあり方を以下のように論ずる。

知識社会学はそうした〈知識〉の究極的な妥当性、ないしは非妥当性(それがいかなる規準によるにせよ)とは関係なく、なんであれ社会において〈知識〉として通用するものはすべてこれを対象にしなければならない、ということである。さらにまた、人間の〈知識〉が社会状況のなかで発達し、伝達され、維持されていくかぎりにおいて、知識社会学はこれらのことが行なわれる過程を、自明視された〈現実〉がどのようにして普通の人間にとって凝結していくのか、という観点から、理解すべく努めなければならない。(ピーター・バーガー、トーマス・ルックマン/山口節郎訳『現実の社会的構成――知識社会学論考』新曜社、二〇〇三年、四―五頁)

つまり山口節郎が解説するように、知識社会学が「とり上げる〈知識〉というのは思想家や理論家によって形成され、体系化された諸観念ではなく、ごく平凡な日常生活を営みつつある普通の人間がその社会についてもっている常識的な〈知識〉なのである」(山口節郎「新版訳者あとがき」三一八頁)。こうした「知識社会学」の視座を念頭に本書でも、「思想家や理論家」によって形成・共有される知識そのものではなく、編集者や読者といった「普通の人間」が「知的さ」へ接近しようとする大衆的な教養主義の規範について、スポーツ雑誌の展開を通じて明らかにしたい。

(16) マーシャル・マクルーハン/栗原裕、河本仲聖訳『メディア論――人間の拡張の諸相』(みすず書房、一九八七年)。

(17) ロジャ・シャルチエ／長谷川輝夫訳『書物の秩序』（ちくま学芸文庫、一九九六年）。
(18) 佐藤卓己「ミディウム文化としての「青年＝雑誌」」（佐藤卓己編『青年と雑誌の黄金時代――若者はなぜそれを読んでいたのか』岩波書店、二〇一五年）。
(19) 河崎吉紀「想像の読者共同体」（『図書』二〇一六年二月号）三頁。
(20) 黒田勇「はじめに」（黒田勇編『メディアスポーツへの招待』ミネルヴァ書房、二〇一二年）ii頁。
(21) 橋本政晴「メディアスポーツ研究の経緯」（橋本純一編『現代メディアスポーツ論』世界思想社、二〇〇二年）二五―四七頁の整理を参照。
(22) オリンピック開会式の映像を取り上げた阿部潔『スポーツの魅惑とメディアの誘惑――身体／国家のカルチュラル・スタディーズ』（世界思想社、二〇〇八年）や、アメリカの代表的なスポーツ誌Sports Illustratedを取り上げたLumpkin, Angela and Williams, Linda, "An Analysis of Sports Illustrated Feature Articles, 1954–1987", *Sociology of Sport Journal* 8(1), 1991, pp.16-32などが挙げられる。また他にも海外のスポーツ雑誌の現状については、Fink, J.S. and Kenix, L.J. "An imperceptible difference: visual and textual constructions of femininity in Sports Illustrated and Sports Illustrated for Women", *Mass Communication & Society* 5(3), 2002, pp.317-339; Jonetta D. Weber and Robert M. Carini, "Where are the female athletes in Sports Illustrated? A content analysis of covers (2000–2011)", *International Review for the Sociology of Sport* 48(2), 2013, pp.196-203などのジェンダー分析や、Kennedy, Eileen and Hills, Laura, *Sport, Media and Society*, Berg Publishers, 2009; MacCambridge, Michael, *The Franchise: A History of Sports Illustrated Magazine*, Hyperion Press, 1997などスポーツ・ジャーナリズムの文脈で論じられているが、本書が扱うような、スポーツだけにとどまらない啓蒙志向としてスポーツ雑誌のあり方は、戦後初期の日本社会に規定された特殊な出版状況であろう。

(23) 橋本純一編『現代メディアスポーツ論』(世界思想社、二〇〇二年)や杉本厚夫編『スポーツファンの社会学』(世界思想社、一九九七年)など。

(24) 永嶺重敏『雑誌と読者の近代』(日本エディタースクール出版部、一九九七年)ⅱ頁。

(25) 佐藤卓己『キングの時代』(岩波書店、二〇〇二年)三七七頁。

(26) 論壇誌については、竹内洋、佐藤卓己、稲垣恭子編『日本の論壇雑誌』(創元社、二〇一四年)や大澤、前掲注12、根津朝彦『戦後『中央公論』と「風流無譚」事件――「論壇」・編集者の思想史』(日本経済評論社、二〇一三年)など、また娯楽雑誌については、佐藤、前掲注25、阪本博志『『平凡』の時代――一九五〇年代の大衆娯楽雑誌と若者たち』(昭和堂、二〇〇八年)などが代表的な研究として挙げられる。またスポーツ雑誌そのものを扱った研究はほとんど蓄積がないものの、数少ない研究として伊東明「日本における体育・スポーツ雑誌の歴史」(『上智体育』第二号、一九六九年)一―七六頁が存在する。体育・スポーツ史として明治期から一九六〇年代にかけてのスポーツ雑誌を収集・整理した同研究は、近代日本のスポーツ雑誌を網羅する労力は圧巻で資料として大変貴重ではあるが、一方で各誌創刊号の紹介に留まり、個別誌の変容過程やその背後にある各時代の社会状況やメディア編成まではあまり検討されていない。

第一部　野球雑誌における啓蒙志向の盛衰

第一章　女性ファン誌から国民体育誌へ
――戦時期における指導的スポーツ雑誌の成立

日中戦争が始まって間もない一九三八年春、スポーツ雑誌『野球界』には次のような記事が掲載されている。

ある雑誌――女の人達の読む雑誌を何気なく開いて、ふと目を落した頁がドキーンと強く胸を打つた。胸を打たれたと云つても感激したのではない、吃驚したのである。何故?と云ふのは、その投書欄に野球界の投書ファンの名が、そのまゝ、まるで一家揃つて引つ越でもしたやうにキラ星の如く列んであつたからだ。(1)

ここで述べられているのは、女性雑誌と『野球界』の読者層の重なりである。意外なことに一九三〇年代後半において、スポーツ雑誌であるはずの『野球界』では女性読者の姿が強調されていた。

だが、これまで『野球界』のあり方は、「暗黒時代のジャーナリズムの苦悩をある意味代表するような消え方」の部分のみが注目されてきた。(2) 具体的には、同誌は戦時期に野球が「敵性スポーツ」としてみなされていく過程で、『野球界』から『相撲と野球』、さらに『相撲界』、『国民体育』へと時局に応じて次々と改題を余儀なくされ、やがて休刊を迎えていた悲劇の雑誌として言及されてきたのである。では、その内実として、女性ファンの姿を強調していたスポーツ誌は戦時期に突入していくなかで、そこでのスポーツの位置づけや雑誌自体のあり方をどのように変化させていったのか。

そこで本章は、戦時体制におけるスポーツ雑誌の変容プロセスを明らかにする。特に戦前から戦時期にかけての代表的なスポーツ雑誌『野球界』を対象として、日中戦争が勃発する一九三七年から休刊に至った太平洋戦争末期にかけて、スポーツ雑誌の性格がいかに変容していったのかを当時の社会的な文脈の下で検討したい。(3)

一九三七年から一九四五年までの時期を取り上げるには、大きな理由がある。日中戦争勃発から太平洋戦争開戦を経て、敗戦を迎えるこの時期は、奇しくも池田恒雄が『野球界』において編集長を務めた期間と重なる。その意味で本章は、単に戦時期のスポーツ雑誌の変遷を追うだけではなく、戦時のスポーツ雑誌の理念や機能が戦後のベースボール・マガジン社の雑誌作りにいかに引き継がれていったのか（あるいは引き継がれなかったのか）を検討するものにもなる。(4)

1．早慶戦に沸くファン雑誌

スポーツ狂時代の余韻と女性ファンの強調

雑誌『野球界』の起源は、一九〇八年に「野球研究会」という同人によって創刊された『月刊ベースボール』に遡る。同誌はその後、一九一一年より発行元を、明治期の代表的な出版社であった博文館（厳密には博文館の内部に設立された「野球界社」）へ移した。一八八七年に大橋佐平が創設した博文館は、二代目大橋新太郎のもと、総合雑誌『太陽』をはじめとする多種多様な雑誌刊行により事業を拡大し、『月刊ベースボール』を吸収した一九一一年当時、「博文館王国」として出版界の頂点に君臨していた。(5)

発行元を大出版社である博文館に移したことに伴い、誌名も『野球界』に改題し、同誌もまた規模を拡大していく。一九三〇年代までには『アサヒスポーツ』とともにスポーツ雑誌の代表的な存在となっていた。池田恒雄は早稲田大学在学中の一九三一年より、同じ新潟県小出町出身で当時、『都新聞』の記者を務めていた小島六郎の紹介で、『野球界』の編集にアルバイトとして携わるようになる。(6)池田が携わるようになった当時の『野球界』について、演劇評論家の江國滋は以下のように回想している。

戦前の一時期、博文館のドル箱雑誌が『新青年』でも『譚海』でも『講談雑誌』でも『農業雑誌』でもなくて、この四誌の合計を上まわる一三万部という発行部数の『野球界』であったことは、案外知られていない。が、いわれてみれば思い当る。黄金時代の学生野球と大相撲の記事を満載したあの雑誌によって、私はスポーツの洗礼を受けたように思う。コクがあって、非常におもしろい雑誌だった。毎月の発売日を待ちかねて書店に走った現中年も多かろう。(7)

『野球界』こそが「博文館のドル箱雑誌」であったと江國は指摘する。戦前期において一定の影響力を持った『野球界』だが、当時のスポーツ雑誌界のなかでの位置づけとしては、『野球界』一九三七年一月号に掲載された「運動雑誌往来」が参考になる。同記事では、当時のスポーツ雑誌の主軸が『野球界』と『アサヒスポーツ』であるとしたうえで、後者が

「識者を網羅して、独自の風懐を持つて」いる「我が国運動総合雑誌界のマツターホルン」であるとされる。[8] それに対し、『野球界』は以下のように評されている。

野球界は二十七年を閲した日本一の老人である。牢固たる読者層を把握してゐるのが何より強みで横井（春野―引用者）式編集システムの凱歌が高らかに奏せられてゐる。一頃は球界の指針となり、或る役割を果たしてゐたが昭和二、三年より編集に百八十度の回転振りを示した。大衆読物中心で稍かマンネリズムに堕してはゐるが、こゝが更つて野球界読者に親しさを与えてゐる要因で、今後いつまで続くかゞ球界興味の焦点である。背景も大きいし、先づ現状のまゝ球界をのさばつて行くだろう。読者の五割が若い女性で占められてゐるのは面白い傾向である。[9]

「読者の五割が若い女性で占められている」というように一九三七年当時の『野球界』において、特筆すべきは女性ファンの存在が強調されていた点にある。同号の「投書ファン・アラベスク」でも「こゝ二三年来の投書欄を見ると女性天国である」とされ、「小誌の投書は殆ど女性で以つて埋められてゐる」と編集部が述べている。[10] さらに翌号での同欄においても「最近の傾向は女性の天下だ」としたうえで、「この女性進出は社会的に見ても面白い傾向である

図1-1　早慶戦中心の表紙
(『野球界』1937年11月号)

と思ふ。(中略) 封建的な家庭から解放された女性は普ゆる方面に驥足を伸ばして来た。其の現象の一つが投書にも鮮やかに感ぜられる」と分析している。[11]

実際、女性ファンが六大学の各校ごとにファンクラブを作り、雑誌を介して交流する姿が誌面からはうかがえる。早稲田大の「エビ茶グループ」、慶応大の「ミスKEIO」など各ファンクラブによる「茶話会」の開催を誌面上で告知し、参加を集うのみならず、開催後は「盛会」の様子が伝えられた(図1-2)。そうした状況に、編集部も「最近愛読者諸君は各国の合縦連衡を真似たのでもあるまいが、緊密なファンの連絡を保つ小会を開催して親睦を計つてゐる模様であるが、本誌も何かと便宜を図りたい」と寄せている。[12]「早慶戦ファン行状記」「早慶戦ファン激励レター集」(いずれも一九三七年一一月号)のように当時の誌面上ではファンの視点による記事が企画されたが、「女性から見た六大学スター」(一九三七年二月号)、「女性ファン舌戦録」(一九三七年七月号)、「早慶戦と女性ファン」(一九三七年八月号)など、とりわけ「女性ファン」の存在が強調された。そのなかでは、女性読者自身が投書欄の常連者を批評するような記事も掲載されるなど、女性ファンによる雑誌を媒介とした読者共同体の輪郭も見ることができる。

とはいえ、スポーツ雑誌の性格を考察する本書において検討すべきは、実際に女性ファンが読んでいたのかということよりも、なぜ『野球界』自体が誌面上で女性ファンの姿を強調したかである。

ミス・KEIO發會式

芙蓉會、エビ茶クループ等に一足お先にしてやられて口惜しまぎれと思はれるのも殘念ですが、三月七日、思出の八重洲園に於て『ミスKEIO』の發會式を致しました。一歩〳〵と近づいて來るシーズンを前に、この集りは確かに有意義で、朗らかなものでした。自己紹介に始まり、來るべきシーズンの話、嬉しかつた思出、口惜しかつた追憶等々、わたくしたちの日頃聞き度いと思つて居る特種ニュース等に花を咲かせ名殘を惜しみつゝ夕闇の迫る頃散會しました。

心ある、塾女性ファンは振つて御入會を希望致します。(三・七)

幹事　丘　みち子
同　日吉　曉子
同　井田　壽子
同　三田　慶子
同　勝田幾久代

事務所　東京市京橋區八丁堀二ノ八　昭林堂内

―當日參會者―

図1-2　茶話会の様子を伝える誌面
(『野球界』1937年5月号)

早慶戦と女性ファンが強調される背景には、一九二〇年代以降における「スポーツ狂時代」の余韻が窺える。一九二〇年代にかけて、早慶戦など野球をはじめとする各種スポーツが学校の枠を越えて人々を熱狂させるようになった。その背景には、新聞社との結びつきによるスポーツのメディア・イベント化や、新たなメディアとして登場したラジオ放送の開始など、同時代におけるメディア環境の変化が大きい[13]。山口誠が指摘するように、こうした変化は、単に遠隔地にいながらにしてスポーツ観戦を可能にしただけにとどまらず、「メディアの野球」が実際の「球場の野球」を再編するなど、人々のスポーツをみる欲望を喚起していった[14]。甲子園野球や神宮球場などの巨大スタジアムの建設は、都市部の新中間層を対象とした私鉄沿線の宅地開発など、都市的消費文化を象徴するターミナルの建設と密接な関係をもつものであった。そのような社会状況を、高津勝は明らかにしているが、一九二〇年代から三〇年代半ばにかけてスポーツは、マスメディアや交通機関の発展、そして都市の生活様式を基盤に、映画やラジオに続く「都市的大衆娯楽」としての性格をみせるようになっていった。こうしてスポーツが、学校教育の枠を越えて、街頭を彩るモダンな都市的風俗の構成要素となるなかで、スポーツに熱狂する新たな担い手として「女性がスポーツを楽しむ時代」が到来したのである[15]。

一九三七年の『野球界』でも、「スポーツ狂時代」の余韻を引きずりながら、スポーツをみる人々の「熱狂」を刺激しようとしていた。一九三七年五月号の編集後記では、以下のように綴られている。

六大学リーグ戦、プロ野球戦とめまぐるしいスポーツファン熱狂図がくり拡げられて来る。此処にあらゆるスポーツの分野を網羅して、春のスポーツの姿を胸に描き、神宮の空に、上井草の緑に思を馳せる、もろ〳〵のファンよ！来つて、この一冊を手にして、心行くまで見られよ！(16)

ここには、読者へ「スポーツファンとしての熱狂」を喚起する様子が見て取れる。こうした「熱狂するスポーツファン」の象徴として誌面上で見出されたのが女性ファンであり、当時の『野球界』は女性ファンの目線を意識した誌面構成を採っていたのである。

スポーツ狂時代に適合した野球ファン誌としての『野球界』は、早慶戦に熱狂するファンの期待に即した誌面構成を採用するなかで、女性ファンの姿が強調されていた。

神宮のスターから戦場の勇士へ

こうしたスポーツへの「熱狂」は、ともすれば戦争への「熱狂」に通ずるものでもあった。一九三七年七月に盧溝橋事件が勃発し、日中戦争へ突入していった。編集後記でも「世をあげて非常時の秋、やゝともすればスポーツは社会の一隅に置き忘れられやうとしてゐるが、思ひ一度銃後の健在、奮闘にめぐらすと、そこにスポーツのもつ社会的存在理由が明瞭になつて来る」とし、以下のように説かれた。

この非常時に、スポーツを楽しまんずる心がまへを持つてこそ、我々日本人は大国民としての襟度ありと云ひ得るのである。[17]

戦時期といえば、「暗い時代」として想起されがちだが、日中戦争が始まって間もない当時は、むしろ「非常時だからこそスポーツを楽しむべき」という言明を公にできるほど、まだ余裕がある時期であった。池田自身も当時については、「まだ戦争はそれほど深刻ではなく、勝った勝ったの軍需景気にあおられて」「世のなかはわき立っているのだから、相撲は満州、北支と出かけるし、プロ野球も満州シリーズを打ちまくる、といった具合で〝野球界〟もなかなかの売れ行きを示してきた[18]」と回想している。

こうした状況下で、誌面には野球と並列して戦争にも熱狂するファンの姿も見られる。

〝ブラボー！塾は勝つた！ワセダにストレートで、勝つたのよ。勝つた！勝つた！バンザイ〟喜びの声は、ひろげられた。しかも、此の日、皇軍も破竹の勢で総攻撃！上海の支那軍は総退却！〝日本バンザイ〟〝塾バンザイ〟勝利と捷報の交響楽[19]！

ここでは、早慶戦への熱狂と日中戦争の高揚が重ねられている。それは、「上からの＝国家によるスポーツの統制・弾圧」という見方では捉えきれないファンのあり様である。当時のスポーツ雑誌上においては、スポーツ狂時代の熱狂と戦時初期における人々の高揚感が連続していた。[20] 誌面上でも、出征した野球選手らの戦場での「勇姿」を積極的に取り上げていた。

皇軍は南京を目指し破竹の勢を示して江南の野に、白雪を蹴つて前進を続け東洋平和の基礎は盤石の重きを加えつゝ正に建設されんとしてゐる。この鴻業創生の裡に無敵皇軍将士の活躍は等しく銃後国民を感涙感激せしめてゐるが、その中に光彩陸離たる殊勲の数々をあげて獅子奮迅を続けつつある、頼もしき哉、我がスポーツマン諸氏の名前を見出すのは、又一入の感激が湧きたつのである。（中略）北支戦線従軍の玉川恵氏ものする「弾雨の中に佐伯、井野川の両選手と語る」は、野球人の花々しい奮闘を目の前に髣髴たらしめ、深き感激を覚えるものである。[21]

読者や編集者はスポーツへの熱狂でもって、そのまま戦場での「野球人の花々しい奮闘」を眺めていた。日中戦争間もない時期の『野球界』では、神宮のスターから戦場への勇士へと、スポーツファンの文脈において銃後の人々に戦争の楽しみ方を提示していたのである。

2. 指導するスポーツ雑誌

「教養と思想」の涵養

折しも池田が『野球界』の編集長に就いた日中戦争勃発期、[22]『野球界』では戦場におけるスポーツ選手の「活躍」が、総力戦体制下におけるスポーツの「社会的な意義」へと読み替えられていった。その端緒となったのは、一九三八年一月号より設置された巻頭における論説欄である。

巻頭論説欄の初回として、編集部からも「スポーツの弾力性はスポーツマンの活躍を通して国防化の問題に結びつき、球界隠士の「運動界の現状を打破せよ」の叫びとなる[23]」として推された論説は、次のようなものである。

日本はいま非常時であり、今後も尚非常時は長く続くと見なければならない。国防はこれからの日本を支配する最高度の推進力である。この現実の前にスポーツは、もつともつと深く考へなければならない時である。我等はまづその第一に明治神宮大会の強化を主張し、そこをスタートとする国民精神総動員と歩調を合せ、国民体位の向上を伴ひ、更らにスポーツと国防の関連性にまで発展せんことを強調するものである。[24]

「この非常時にスポーツでもあるまい」といわれる状況下で、スポーツは「国民の体位向上」に寄与し、ひいては「国防の関連性にまで発展」することが強調された。スポーツが不必要とみなされかねない戦時下において、『野球界』は硬派な論説欄を構え、指導性を発揮することで、スポーツの正当性を担保しようとしていた。こうしたスポーツ雑誌の指導性と「スポーツと国防の関連」の主張は、『野球界』の発行元である博文館三代目社長の大橋進一による「運動雑誌の編集」（『雑誌年鑑一九三九年版』）とも軌を一にするものであった。

スポーツの問題が国防と結びつくのである。この面に於て国民体位向上が常に問題とされ、努力されて行かなければならないのである。（中略）スポーツに関心を向ける方法として誌上に野球、相撲などの試合、取組の有様を詳しく再現して、それを読むことによつて、スポーツ精神の健全性と相撲道の厳格さを感知せしむるのである。日本精神も、その文字の中に自然と湧き出で、スポーツに関心を抱くと共に、健全なる教養と思想を育生し得るやうになるのである。[25]

大橋は、雑誌を読むことで「日本精神としての健全なる教養と思想」を涵養するようなスポーツ雑誌のあり方を説いた。ここにスポーツの問題を総力戦における国防国家体制と結びつけ、スポーツを通して社会を語るようなスポーツ批評の形式が『野球界』において採用されていく過程が見てとれる。

スポーツを社会と結びつけて論じようとするスポーツ雑誌は、国内の問題にとどまらず、戦時下において拡大する「帝国」の対外政策とも共振していた。具体的には、野球、相撲の満州をはじめとした巡回興業の様子が積極的に報じられた。それはまさに「帝国」の拡張を、スポーツによって確認しようとするものであった。そして『野球界』自身も従来の野球のみならず「領土」を拡張し、相撲や武道が強調される一方で、スキーや登山などのレクリエーション＝「健全娯楽」にも頁を割くようになった。[26]

心身の鍛錬に最も大きな役割をなすスポーツが旧来の因習を打破して、どし〳〵一八〇度の大転換を見せつゝある矢先、我が『野球界』、従来の「野球」「相撲」のみに止つた小さき分野から、武道、体育、運動全般雑誌として、文字通り「新体制」を敢行しつゝある。本年六月には東亜民族の祭典、東亜大会が、又一〇月末からの明治節の佳き日にわたつて明治神宮国民体育大会が、一一月中旬には、二六〇〇年、奉祝体育大会等が、盛大に意義深く挙行され、例年よりも一段と「スポーツ熱」の高揚された年であつただけに、雑誌報国の野球界の使命も重、且、大であつた。[27]

一九四〇年、日本政府は前々年に開催を返上した東京オリンピックの代わりに、東亜競技大会など次々と国家的なスポーツイベントを開催していった。[28] こうした「スポーツ熱の高揚」のなかで、『野球界』も「雑誌報国としての使命」を自認していくのであった。

こうした指導性の発揮は、媒体としての形式的な変化とも対応するものであった。一九四〇年、出版界全体が戦時期のバブルに沸くなかで、『野球界』も同年七月より従来の月刊から隔週刊化へと踏み切った。[29] それに伴い、紙幅が増加する過程で軍部・政府関係者の寄稿が顕著になっていった（図1―3）。具体的には、陸軍省情報部長・松村秀逸「角界に望む」一九四〇年七月第一号、厚生省・大谷秀正「国防国家建設の一翼としての運動界を観る」八月第二号、内閣情報部情報官・井上司朗（ペンネーム逗子八郎）「日本スポーツの再編成」九月第一号と、毎号に渡って、専門外の書き手が国家・社会との関係でスポーツのあり方を指導する論説記事が掲載され

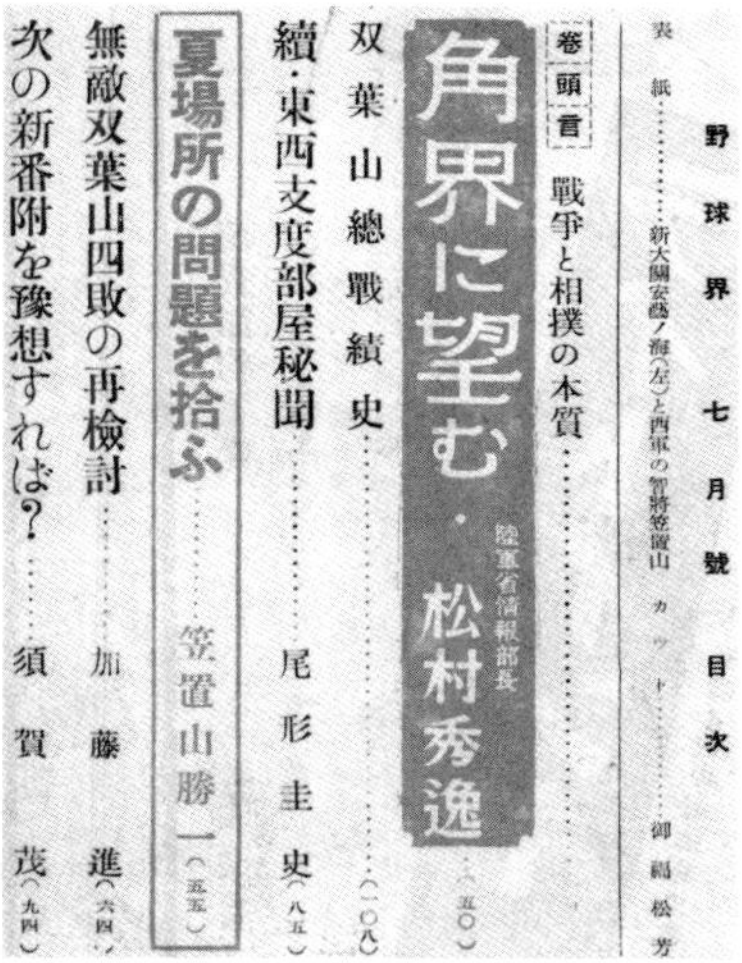
野球界七月號目次
表紙……新大關安藝ノ海（左）と西軍の智將笠置山　カット……御厨松芳
巻頭言　戰爭と相撲の本質……
角界に望む・陸軍省情報部長　松村秀逸……（五〇）
双葉山總戰績史……（一〇八）
續・東西支度部屋秘聞……尾形圭史（八五）
夏場所の問題を拾ふ……笠置山勝一（五五）
無敵双葉山四敗の再檢討……加藤進（六四）
次の新番附を豫想すれば?……須賀茂（九四）

図1-3　巻頭言「戦争と相撲の本質」、松村秀逸「角界に望む」など並ぶ目次
（『野球界』1940年7月号第1号）

ていった。『野球界』における指導性の発揮が明確となっていったのは、折しも「鍛へよ銃後　体位向上」という戦時体制を意識した標語が表紙に付記（一九四〇年八月第二号より）された時期とも重なるものであった。一九四〇年八月第一号の巻頭言でも「国防国家建設に直進せよ」と掲げられ、第二次近衛文麿内閣による「新体制運動」に伴って、スポーツも「国防的国家建設の一部分である国民の体位向上に対して、国家的の正しく強い歩みをみせることなのだ」と論じられた。[30] さらに博文館は『野球界』の隔週刊化のみならず、同時期に「武道振興雑誌」を謳った『国技の日本』を発刊するなど、スポーツおよび武道に関する出版事業を拡張していった。[31]

一方で、『野球界』投書欄の「愛読者クラブ」は一九四〇年七月第一号を最後に誌面からは消え、茶会の様子が掲載されることもなくなり、それまで強調されていた女性ファンの姿が後景化していく様子が誌面からは見て取れる。[32]

「国技」の前景化

出版界が空前の「戦時バブル」に沸くなかで、『野球界』の誌面構成の中心は野球から相撲へ移っていった。『野球界』としては頻繁に相撲特集の増刊号を発刊し、そのなかで池田は「相撲は国技である。国技は大衆と共にある。大衆は常に国家と共にある。国家の隆盛が、相撲熱を導き出すのは当然の話である」と述べた。[33]

ここで注意すべきは、こうした「国技」の前景化が、必ずしも戦時体制下での上からの統制・圧迫だけでは説明できない点にある。むしろ当初においては、社会的な相撲人気をスポーツ雑誌が抱擁したといえよう。一九三〇年代後半より双葉山が連勝記録を更新し続けたことで、相撲への社会的な関心が急激に高まっていた。[34]「双葉山全盛時代には一七、一八万部の売れ行きを示し、博文館のドル箱となる」[35]と池田自身が回想するように、双葉山の連勝をきっかけとした相撲人気に掉さす形で『野球界』は相撲を積極的に取りあげていく（図1-4）。

図1-4　戦時体制での相撲の前景化
（『野球界』1940年9月第2号）

相撲人気に加え、一九四〇年の近衛「新体制」運動や一九四一年の太平洋戦争の開戦を経て、あらゆる文化が「国家」への統合を問われていく過程で、「国技」とされた相撲は時局とも適合的なものとして「日本主義」の論理へと回収されていった。[36]ただし戦時体制下での相撲の浮上については、赤澤史朗が指摘するように「単純な時局便乗といった側面だけでは説明できるものではなく、相撲界における諸種の内発的な改革の動きと複雑にからみ合っていた点」は留意すべきである。[37] 確かに、国民意識を強調する戦時体制の潮流が「国技」としての相撲人気を高めた点は間違いないが、赤澤は「戦争がさらに進行して現代戦を戦うための国内体制の改革と再編が日程に上ると、相撲界もその一環として本格的な戦争協力のための改革が問題にされるようになった」と指摘したうえで、以下のように論じる。[38]

この時登場してくる大相撲改革論の一つは、健全娯楽論の立場に立ったそれである。健全娯楽論は、相撲に限らず映画・演劇・プロ野球などすべての興行に対し提唱されたものであるが、それはこれら興行が、これまでしばしば興味本位の観衆の低レベルの嗜好に訴えて専ら利益追求をこととするものであったのを改善し、道徳的にも文化的にもそのレベルを高めて国民のレクリエーションに資する性格のものに変えていくことを謳ったものだった。それは大相撲の場合で言えば、〝観るスポーツ〟としての近代化・合理化要求を含んでいた。[39]

戦時体制での「健全娯楽としての〝観るスポーツ〟としての近代化・合理化要求」は、

「思想善導や軍国主義化」にそぐわない「伝統的な相撲の芸能としての側面」、具体的には「花柳界や侠客などの伝統的な頽廃とも親しい関係」の改革論を生み出した。[40]すなわち、赤澤が言うように「日本主義や軍国主義との結びつきが自覚されればされるほど、相撲界の改革論が浮上するという脈路が存在していたのである」[41]。実際、当時の誌面上でも池田は、「見る相撲が種々の封建的制度を頑強に墨守し、大衆をシアツトアウトしてゐるのは、国技相撲の名に於て我々のとらないところである」として、「国防国家建設」において相撲の意義は「極めて重且大」であるからこそ、現況の相撲界が抱える「封建的制度」を批判している。[42]

相撲の社会的な人気とともに「日本主義」が強調される戦時体制との親和性によって、一九四三年には『野球界』はついに『相撲と野球』へと誌名の改題に至るが、そこで強調されたのも、国防国家体制に適応する相撲の「健全娯楽」としての育成であった。池田は改題の理由について「大東亜戦争を戦ひ抜くため」として、以下のように述べる。

国技館の今日を見ると、甚だ感慨深いものがあると同時に、〝野球界〟の改題が決して時代に押し流された結論でなく、自らが蒔いたものをそだてる躍進的な段階に達したものと考へられても来る。（中略）国防国家のために欠くべからざる相撲とは強靭な肉体と士道的精神を内容としたものでなくてはならない。（中略）〝野球界〟の改題に当つて相撲の文字を表題に加へた意義は、今日ほど相撲道が口にされ、しかも相撲道が売り物にされてゐる時はない、国技と云はれる、国の宝である相撲を正しく育て、立派にするのは一部の人々のみにまかすべきではなく、日本国民全体が関心をもつて、育成すべきであると云ふ主旨に他ならないのである。(43)

社会的な相撲人気と「国防国家」体制のスローガン、両者が絡まり合いながら、同誌は相撲を強調していったが、そこでは「伝統的な国技」の「健全娯楽としての近代化」が説かれたのであった。

国防の指導

時局に適合的な「国技」としての相撲が誌面の中心となる一方で、一九四一年末の日米開戦以後、野球はアメリカ発祥ゆえに「敵国スポーツ」として風当たりが強くなっていった。こうした潮流が決定的となったのが、愛知県での野球排撃決議である。(44)『朝日新聞』一九四三年一月二二日朝刊では、「野球を叩き出す　王国愛知で排撃決議」として、以下のように伝えられている（図1-5）。

新聞日朝 (金曜日) 二

野球を叩き出す
王國愛知で排撃決議

【名古屋電話】野球王國愛知縣縣政調査會内政部委員會で二十一日野球排撃の強硬なる決議を行つた 米英撃滅態勢を確立するには米國の國技たる野球其他米英的運動競技を學園はじめ全縣下から徹底的に排除し、日本の國技たる銃劍術をはじめ、古來の武道を昂揚せよといふのが理由である、縣當局でも同感の意を表し、近く對策を講ずることになつた

山田内政部長談 ＝ 野球をやつてゐては敵愾心の昂揚は出來ない 縣としては野球の禁止命令を出すわけではないが、要は學校を出ればみんな戰爭に行き、米英を倒すために銃劍が取上げられる以外に余裕のないはずです

東海地方野球審判協會長稲垣醫學博士談 ＝ 野球の由來から見れば米國的であり、見る人の目によつて野球はやらなくてもよいことになる、しかし現在の野球はあながち米國的でなく日本化した競技であり、協同一致敢闘精神があると思ふ、だが學校の體育指導上野球を排撃することに決ればその方針に從つて行き對立的のことはしたくない

小笠原文部省體育局長談 ＝ 愛知縣の縣政調査會が野球排撃の決議を行つたといふことに對して、この際右とも左とも申したくない、たゞ運動用具の問題時間の問題その他種々の原因から、從來漫然と行はれてゐた運動競技に檢討を加へ、重点的に競技を運用すべきは當然で、文部省としては決戰下の競技につき目下慎重に研究を進めてゐる、現在いへることは前に述べた種々の原因から種目の整理が必要であること、米英的なものはやりたくないこと、また決戰下國民體力增强の基礎となるべきものを選ぶやうになるのも當然の勢であらう、しかし米英に源を發したものの中にも國民の内に消化されたものも、ナマのものもあらう、戰力の基礎となる競技は戰技に近いものばかりとは限らないともいへる、とに角簡單にいへる問題ではないのであつて、單に種目ばかりでなく競技の實施方面も併せて目下研究中で、近く運動競技全般に對する文部省の態度を確立して發表したい考へである

南へ日本語教師
年齢の幅も廣く六百名を募集

ビルマ、マライ、ジャワの各地へ日本語を普及の使命を帯びて挺身すべき文化の戰士六百名を文部省が募集する

定員六百名のうち約半數は、全國各府縣で八名以内の現職教員適任者を推薦し、約半數を一般から求める、年齢は滿四十五歳以下の男女（男子は徴兵檢査を終了したもの）で、專門學校卒業程度以上の學力を有する者とひろく規定され、中等、國民、靑年學校教員の資格をもつ者は當然應募資格がある

各府縣推薦組は二月五日までに各道府縣内政部長宛採用願一通、履歴書四通を添附、一般公募組は二月四日までに採用願一通、履歴書三通、私立學校教員は校長の

図1-5 「野球を叩き出す　王国愛知で排撃決議」
(『朝日新聞』1943年1月22日朝刊)

野球王国愛知県県政調査会内政部委員会で二一日野球排撃の強硬なる決議を行つた。米英撃滅態勢を確立するには米国の国技たる野球其他米英的運動競技を学園はじめ全県下から徹底的に排除し、日本の国技たる銃剣術をはじめ、古来の武道を昂揚せよといふのが理由である、県当局でも同感の意を表し、近く対策を講ずることになつた。(45)

「野球をやつてゐては敵愾

心の昂揚は出来ない」[46]というこの「野球排撃決議」は、『野球界』でも大きなインパクトを持って迎えられた。誌面上では、「学生野球の父」と言われた飛田穂洲が「日本球界への要望――誤れる観念を撃粋せよ」と題して、また一九三六年の職業野球創設に関わった鈴木惣太郎が「野球禁止論を爆撃せよ」として、野球擁護の論陣を張った。池田も「編集後記」にて、飛田や鈴木の論説を下に「われわれが野球をやつたゝめに敵愾心が起らないとするならば、洋食を食ひ、洋服を着たら、猶ほ更に敵愾心が起らない筈だ」とし、戦場での野球選手の「立派な殊勲」を紹介しながら「野球をやつてゐたことが直接に、戦場で御役に立つた」と強調した。[47]

ただ、こうした野球擁護論は、戦時体制下での抵抗と協力をめぐるジレンマを孕んでいた。国粋主義的な「野球排撃論」を批判し、野球を何とか擁護すべく、スポーツ雑誌の論者は野球と国防国家、戦争との接点を必死に強調しようとするのだが、そのロジック自体は結果的に野球の戦争協力を肯定することにつながっていた。[48]つまり、国粋主義に抵抗しようとすればするほど、かえってその過程で戦時体制に沿うような言明を選ばざるを得なくなっていったのである。こうしたスポーツ雑誌のあり方からは、戦時体制への抵抗と協力の切り分けが明確にはできないことが浮かび上がる。

とはいえ、同誌における野球擁護論の展開とは裏腹に、野球そのものは戦局が悪化する過程で中断を余儀なくされていった。一九四三年四月に文部省より六大学野球リーグ戦の中止命令が出され、池田も編集後記にて「たうとう六大学野球戦は、終焉を告げることになつた。現在の日本の社会情勢に於て、如何なる理屈をつけやうとも、学生野球が大観衆を集めて娯楽の対象として取り揚《ママ》げらるべき時代ではない。野球の本質がいゝものであると云ふこととは別個な問題なのだ。学生は野球によつて鍛錬に徹すればいゝ」と述べた。[49]

さらにその後、六大学野球連盟も解散も追い込まれ、池田も「長い伝統を誇つた六大学野球連盟も、とうとう解散することになつた。(中略)最も盛んな時代に、最も慎重な大方針が立てられるべきであつたのだ。それが、どうしたのか、いよいよ危機に臨んでさへも、あれは野球撲滅論者であるとか、あれは野球を知らない奴の言論であるとか、種々雑多に議論が分れて、どうにもまとまりがつかなかつた。感情的に対立することが、大きな時代の波潤を乗り越へ得るようになつた験がない」と綴っている。[50] こうして、スポーツ狂時代に天下を誇った学生野球は終焉を迎えた。

以上のような同誌の変化については、『日本読書新聞』(一九四三年六月二六日)にて「趣味から国防へ」と題したスポーツ雑誌評が象徴している。

> 従来この種雑誌は愛好者を読者として、その内容も個人を基調とした考へ方に充たさ

れてゐた、換言すれば趣味の範疇を出たものが少かつた。それが国家を基調としたものに置きかへられたことは当然のことで、こゝにはじめて体育雑誌もその名前に相応しい内容を持つことを得たわけである。（中略）今日、その種類を問はず、雑誌の生命は時局の反映を措いてはない。しかし時局を反映させることは比較的容易である。時局の色が編集者の主観を透つてもなほ、ありのまゝで出て来ることが難かしい。しかも今日の雑誌が時局の反映に止まらず、指導力を持たねばならない。体育雑誌も例外ではあり得ない。(51)

時局に応じて「相撲」を取り上げながら、雑誌の性格を「趣味から国防の指導」へと転じようとした『相撲と野球』は、戦時期の野球弾圧と出版バブルという潮流に適合しようとするスポーツ・体育雑誌のあり方を象徴する存在であった。

3. 国民体育誌の戦死

戦局の悪化と「健全娯楽」の困難

野球が社会的に存立し得ない状況下においては、誌名からも野球の名は消えることとなる。一九四三年一〇月号より再び月刊に戻った『相撲と野球』は、一九四四年一月号より『相撲界』への改題を行う。改題に当たり、池田は「日本人と相撲」の「離れ得ない宿命」を強調した。

勝ち抜く御戦に、体力と精神の錬成に、相撲が役立つと云ふことは、単なる勝つた負けたの相撲のみを対象としてゐるのではない。そこから育成発展した相撲が、大君のための御楯たるの魂を鍛えあげ、大義相撲道の精髄を示すことを云ふのである。相撲とは尽忠報国の誠をもつて貫ぬかれたものである。国技と云はれるのは、そのためである。本誌の改題の理由も、その点に重要性を置くものであつて、大義相撲道のために、益々微力をさゝげたいと思ふのである。(52)

雑誌として戦時体制における相撲の「貢献」を池田はアピールする。改題した『相撲号』の巻頭には、谷川徹三と池島重信といった思想家と、当時現役力士でありながら文筆活動を積極的に行う笠置山勝一との対談企画「日本の相撲」を掲載し、専門内外から相撲の戦時的な意義を語らせた。

とはいえ『相撲界』と改題したものの、相撲すらもその存在意義が危うくなり始めていた。当時の編集後記にて、池田は「いよいよ国技館で相撲が興行出来るかどうか問題になつてきた。敵機は何時来るかもしれないときに、東京の真中に数万人の観衆を収集せしめることが許される筈はない。（中略）最早や、健全娯楽が必要であるとか、ないとか議論に花を咲かせてゐるときではない」と述べるように、一九四四年に入り戦局が悪化するなかで、大相撲の存立基盤が揺らいでいた。[53] そうした状況下で池田は、繰り返し戦時下での相撲の意義を強調する。

相撲が娯楽面で、この大戦争と密接にして不可分な関係をなすのは、実に士気昂揚の糧となるからである。われわれの日常生活がいつも撃ちてし止まむの闘魂に燃え立つて必勝の信念を益々強固にして行くため、相撲は先づ第一に取りあげられてしかるべきであるが、とくにそれが徹底した産業戦士への解放を、現下の急務としてゐることは屡々提言してきた通りである。それが遂に実現されることになつた。[54]

ここでは「娯楽面での貢献」が説かれているが、その後、もはや「健全娯楽としての相撲」ですら肯定することが難しくなり、「相撲人の決戦への挺身」が主張された。[55] 折しも一九四四年二月に両国国技館は陸軍により接収されるなど、相撲自体の開催も困難になってい た。[56] 赤澤が指摘するように、スポーツ界においても戦局の苛烈化に伴って各種スポーツ団体が統廃合され、その目的が「今までのような競技選手育成中心のものから広く「国民体育」振興へと転換される」なかで、プロ・スポーツ批判の流れは顕在化し、職業相撲を取り巻く環境は悪化していった。[57]

「野球も相撲も書けない」

かつては「国技」とされた相撲ですら存在が危ぶまれるなかで、『相撲界』はさらに一九四四年八月号より『国民体育』に改題を行った。編集後記では「現在戦争に参加し、増産に挺身し、国家の運命を戦ひとらんとしてゐる人々のために、本誌も又さゝげらるべきであつて（中略）国家興亡の関頭に立つて決戦に挺身する人々のために、少しでも役立つものを取り上げたいと念願してゐる」として、「挺身」のための「体育」が掲げられた。[58] 誌面では、海軍少佐・庄田満洲五郎「戦争・体力・闘魂」や双葉山定次「相撲勤労報告隊記」、今井静雄「皇国民錬成のために」などが並ぶなかで、「打球」＝ゴルフの欄なども設けられた。

野球が「敵国スポーツ」として非難の対象となるなかで、同じ欧州発のスポーツであるはずのゴルフを取り上げることは一見奇妙にみえるが、池田の回想によると、内閣情報局の指令による雑誌の統廃合で『ゴルフ・ドム』（日本ゴルフ・ドム社）との併合になったためであるという。「野球や相撲や陸上競技の記事が禁止されていながら、ゴルフの記事だけは掲載せ

図1-6　最終号となる『国民体育』1945年1月号

よ、というのだから、どうかと思う」ものの、その一方で「陸軍では敵性スポーツとしてゴルフは排げき」の対象となり、池田自身は「なんとなく雑誌を作るのがばかばかしくなってきた」と捨て鉢な雑誌運営の状況を述べている。(59)

その後、一九四四年一一月号では特集として中野五郎「敵米国の野獣スポーツ」、秋山慶幸「米英スポーツを斬る」が掲載され、編集後記では「米英の野獣どもの野獣スポーツの中に敵米鬼の正体を改めて見直し、益々撃ちてし止まむの志気を軒昂たらしめようではないか」と綴られ、かつては批判していた野球排撃論と同じような排外的な論調の記事を自ら掲げていった。(60)こうして「野球も相撲も書けない」なかで結局『国民体育』は一九四五年一月号を最後に、休刊を迎えた（図1-6）。

こんな空気のなかで、雑誌を作っていたのでは、私のような頭の悪いものは、いよいよますます悪くなるように感じたので、さっと辞表を出して博文館をやめてしまった。サイパンがおちてB29の空襲がさかんになりはじめたころであった。(61)

戦局の悪化に応じて、紙不足など物資の面でも出版界は逼迫していた。出版バブルの一九四〇年時には二四〇頁を数えた『野球界』（一九四〇年一月号）も、最終号となった『国民体育』（一九四五年一月号）ではわずか五二頁まで頁数を減らしていた。一九四五年初頭の『国民体育』の休刊にあわせて、池田自身も博文館を退職している。戦時体制下のなかでスポーツの意義を説こうとしてきた池田と『野球界』であったが、もはやスポーツどころではない戦争末期においてスポーツ雑誌は力尽きることになった。

「抵抗」と「協力」のはざまで

ここまで戦時期におけるスポーツ雑誌の変容を、『野球界』に着目して整理・検討してきた。「時代に翻弄された悲劇の雑誌」として取り上げられることが多かった『野球界』であるが、その雑誌としてのあり方は戦時初期から末期にかけて大きく変容していった。

日中戦争勃発前夜の一九三七年当時、『野球界』は投書欄の大半が女性読者で占められるような早慶戦のファンを意識したスポーツ雑誌であった。(62) 女性ファンを強調した『野球界』

の性格は、一九二〇年代からの大衆的なスポーツ人気、いわゆる「スポーツ狂時代」の余韻に支えられたものであった。その後、日中戦争が始まると、早慶戦に沸くスポーツ雑誌の誌面は、同じ調子で出征した選手の戦場での活躍を取り上げるようになっていった。すなわち、大正デモクラシーの高揚がファシズムの亢進へと連続していったように、スポーツ狂時代の興奮が戦時体制の高揚へと一定の面でつながっていったのである。こうしたスポーツから戦争への熱狂の接続は、戦時期を「国家による弾圧史」として描く傾向にあったスポーツ史研究では見逃されていた視点であろう。

その後、『野球界』は太平洋戦争開戦を迎えるまでに、早慶戦のファン誌からスポーツの社会的意義を指導する国民体育誌へと変容していった。太平洋戦争開戦を控えた一九四〇年代初頭は雑誌の黄金期であったとともに、相撲も双葉山の連勝記録によって空前の人気を博した時期であった。『野球界』も出版バブルに掉さして月刊から隔月刊へと刊行ペースを早め、巻頭社説を設けたなかで、相撲の「国技」としての理念を「国防国家体制への貢献」と重ね合わせて語る論説を掲載していった。もちろん、ここには「言論統制」の契機をみることもできる。実際、軍部官僚が盛んに登場するようになる戦時期の誌面からは、スポーツ雑誌への「政治的な介入」が行われていた状況がうかがえる。

だが同時に、相撲が前景化してくる状況からは、単に「言論統制」の言いなりになっていただけではなく、雑誌の担い手側が雑誌運営の活路を見出すべく、戦時体制の理念をスポーツの文脈に読み替えていた様子も見て取れる。出せば売れる雑誌の黄金期において、スポーツを時局に適合的な形で提供する雑誌のあり方は、さらなる読者層の拡大につながることが見込まれたはずである。その意味で、「国技」としての相撲の誌面の中心に飾ることは、「言論統制」を逆手にとって掲げられた「雑誌報国」としての出版バブルにおいてこそ選び取られたものであった。そこには「国防国家体制」への単なる協力ではなく、あるいは抵抗でもない、むしろスポーツ雑誌の刊行を続けていくために「国防国家体制」の要求に従うように見せつつも、その要求を「スポーツ雑誌の指導性」として読み替えていく姿があった。

終戦末期において、「国防国家体制」そのものが崩壊へと向かい、出版バブルが萎んでいくなかでスポーツ雑誌の活動も窒息していった。とはいえ、当時の編集長を務めていた池田恒雄にとって、終戦直後に『ベースボール・マガジン』を創刊するうえで、本章で見てきたような戦時期のスポーツ雑誌運営の記憶は重要な基盤であった。では、戦時期のスポーツ雑誌のあり方は、戦後のベースボール・マガジン社にどのように引き継がれていったのか。次章では、終戦直後から占領期における『ベースボール・マガジン』創刊の様子と、その社会的な受容について検討する。

注

（1）納戸町雄「女性ファン投書陣展望」（『野球界』一九三八年四月号）一五二頁。

（2）江國滋「伯楽登場⑩池田恒雄――〝野球浪漫派〟四〇年の本懐」（『噂』一九七二年六月号）一三〇頁。

（3）戦時期を扱ったスポーツ史研究においては、上述のように「国家によるスポーツの統制・弾圧」の傍証として『野球界』の存在は言及されてきた。例えば、坂上康博は「野球をはじめとする外来のスポーツが批判の対象となり、学校や地域から姿を消し、ラジオをはじめとするメディアからも消えていく一方で、日本の伝統文化である相撲は国家的な保護のもとで隆盛をきわめていった」とされ、「雑誌『野球界』が『野球と相撲』となり、さらには『相撲界』へと改題を余儀なくされるような事態がこうしてつくられていった」とする（坂上康博『スポーツと政治』山川出版、二〇〇一年、七七―七八頁）。

一方で雑誌研究としては、これまで出版史では言論統制などによって「暗い時期」として描かれてきた像に対して、佐藤卓己『『キング』の時代――国民大衆雑誌の公共性』（岩波書店、二〇〇二年）や『『図書』のメディア史――「教養主義」の広報戦略』（岩波書店、二〇一五年）などでは、むしろ日米開戦前の一九四〇年、一九四一年こそが「戦時期の出版バブル」として雑誌の黄金期であったことが指摘されている。

同じ戦時期にありながら、スポーツ史における野球弾圧と雑誌研究での出版バブルとの間のギャップが見られる。こうした雑誌研究とスポーツ史研究との乖離を埋めるためには、当時のスポーツ雑誌の内実を見る必要があろう。

（4）媒体としてのスポーツ雑誌がその時々の社会のなかでどう位置づけられようとしたのかを検討する上で、本章が手掛かりとするのは雑誌の編集後記を中心に、目次や読者欄、さらに『雑誌年鑑』

や『日本読書新聞』といった当時の出版史料である。これらを扱う狙いは、本書が戦時期にスポーツがどう語られたのかについてみるだけでなく、そうしたスポーツ観に付随してスポーツ雑誌という媒体そのものがどう構成されたのかを検討したいがためである。言い換えれば、スポーツ雑誌をめぐる議論から、戦時社会のなかで編集者や読者ら雑誌を取り巻く人々がいかなる雑誌のあり方を模索したのかについて明らかにしたい。

(5) 浅岡邦雄「大橋新太郎――「博文館王国」を築いた出版人」(土屋礼子編『近代日本メディア人物誌――創始者・経営者編』ミネルヴァ書房、二〇〇九年)一二九―一三五頁。

(6) 池田恒雄「スポーツ雑誌とともに三〇年(一)」(『ベースボール・マガジン』一九六〇年一月号)二一八頁。小島は、池田の早稲田大学の先輩でもあり、戦後ベースボール・マガジン社の重役に就任し、登山に関する書籍を多数刊行している。

(7) 江國、前掲注2、一三〇頁。

(8) XYZ「運動雑誌往来」(『野球界』一九三七年一月号)八六頁。

(9) 同上。

(10) XYZ「投書ファン・アラベスク(A)」(『野球界』一九三七年一月号)一九一頁。

(11) XYZ「投書ファン・アラベスク(B)」(『野球界』一九三七年二月号)一二〇頁。

(12) 「編集局だより」(『野球界』一九三七年一月号)二〇八頁。

(13) 大正から昭和初期におけるメディアとスポーツと相補的な展開については、有山輝雄『甲子園野球と日本人――メディアのつくったイベント』(吉川弘文館、一九九七年)に詳しい。

(14) 山口誠「『メディアの野球』の歴史に見る可能性と課題」(黒田勇編『メディアスポーツへの招待』ミネルヴァ書房、二〇一二年)一三頁。

(15) 高津勝『日本近代スポーツ史の底流』(創文企画、一九九四年)。

(16) 「編集局だより」(『野球界』一九三七年五月号)二五六頁。
(17) 「編集局だより」(『野球界』一九三七年一〇月号)二九六頁。
(18) 池田恒雄「スポーツ雑誌とともに三〇年(七)」(『ベースボール・マガジン』一九六〇年七月号)二一六頁。
(19) 「愛読者クラブ」(『野球界』一九三八年一月号)一八八頁。
(20) こうしたスポーツから戦争への熱狂の連続性は、雑誌とともに山口誠「「聞くスポーツ」の離陸」(吉見俊哉、土屋礼子編『大衆文化とメディア』ミネルヴァ書房、二〇一〇年、一〇七—一三六頁)でも指摘されるようにラジオでもみられた。
(21) 「編集室」(『野球界』一九三八年一月号)二八四頁。
(22) 池田の回想では一九三七年より編集長に就任したという(池田、前掲注6、二一八頁)。一方で、編集後記において池田の名前が確認できるのは、一九三八年五月一五日発行の『野球界』増刊夏場所相撲号からである。
(23) 「編集室」(『野球界』一九三八年一月号)二八四頁。
(24) 球界隠士「運動界の現状を打破せよ」(『野球界』一九三八年一月号)五三頁。
(25) 大橋進一「運動雑誌の編集」(『雑誌年鑑一九三九年版』日本読書新聞社、一九三九年)一八—一九頁。
(26) 登山やスキー、ハイキングなどレクリエーションの戦時期における興隆については、高岡裕之「観光・厚生・旅行——ファシズム期のツーリズム」(赤澤史朗、北河賢三編『文化とファシズム』日本経済評論社、一九九三年、九—五二頁)に詳しい。高岡によると、日中戦争の下においてツーリズムは、消費的な「観光」から心身鍛錬を強調する「厚生」へと意味転換が図られた。そのなかで、「心身鍛錬の観点からは、各種体育・スポーツとならんでハイキング・登山・スキー・海水浴などが「体位向上」をスローガンに奨励の対象とされ」、「国民的ツーリズム」として国家的に組織されていった(二六頁)。
(27)「編集後記」(『野球界』一九四〇年一二月第二号)一二四頁。
(28)戦時期における植民地を巻き込んだ国家主宰のスポーツイベントについては、高嶋航『帝国日本とスポーツ』(塙書房、二〇一二年)に詳しい。
(29)一九四〇から一九四一年を頂点とする戦時の「出版バブル」については、佐藤卓己『キングの時代』(岩波書店、二〇〇二年)を参照。
(30)「巻頭言 国防国家建設に直進せよ」(『野球界』一九四〇年八月第一号)四九頁。
(31)『国技の日本』の刊行状況に関しては、当時の『野球界』および『国技の日本』の編集部に在籍した小島貞二『あるフンドシかつぎ一代記――戦中・戦後の相撲秘史』(ベースボール・マガジン社、一九九一年)や、『朝日新聞』(一九四〇年一〇月一一日朝刊)の広告欄より確認できる。
(32)読者からの質問に編集者や寄稿者が返答する「質疑応答」欄はその後も継続。
(33)池田恒雄「編集局たより」(『野球界』一九三九年増刊春場所号)二一六頁。
(34)日本体育学会編纂『日本スポーツ百年の歩み』(ベースボール・マガジン社、一九六七年)二三四頁。
(35)池田、前掲注6、二一九頁。
(36)近衛「新体制」とそこでの文化状況に関しては赤澤、北河、前掲注26に詳しい。
(37)赤澤史朗「戦時下の相撲界――笠置山とその時代」(『立命館大学人文科学研究所紀要』第七五号、二〇〇〇年)八五頁。
(38)同上、一二二―一二三頁。
(39)同上、一二三頁。

(40) 同上、一五七頁。
(41) 同上、一五八頁
(42) 「編集後記」(『野球界』一九四〇年八月第一号)二二二頁。
(43) 池田恒雄「編集後記」(『相撲と野球』一九四三年一月第一号)一三六頁。
(44) 野球史における野球排撃決議の位置づけとそれに対する飛田穂洲の抵抗、またその後の大学野球の解散については、中村哲也『学生野球憲章とは何か――自治から見る日本野球史』(青弓社、二〇一〇年)を参照。こうした野球史の文脈を念頭に置きつつも、本節ではスポーツ雑誌がどのように対応していったのかを検討したい。
(45) 「野球を叩き出す　王国愛知で排撃決議」(『朝日新聞』一九四三年一月二二日朝刊)。
(46) 同上。
(47) 池田恒雄「編集後記」(『相撲と野球』一九四三年三月第一号)一二〇頁。
(48) 中村、前掲注44は、飛田穂洲の野球論を「抵抗」(九七頁)として取り上げながらも、一方で飛田が修養的な文脈で野球が「戦争に役立つことを訴え続けた」側面を指摘し、「反戦の強いシンボルとして描くことには強い違和感を覚える」(一〇一頁)と留意を促している。
(49) 池田恒雄「編集後記」(『相撲と野球』一九四三年五月第二号)一〇八頁。
(50) 池田恒雄「編集後記」(『相撲と野球』一九四三年六月第一号)一〇八頁。
(51) 大谷要三「趣味から国防へ」(『日本読書新聞』一九四三年六月二六日)。
(52) 池田恒雄「編集後記」(『相撲界』一九四四年一月号)一一六頁。
(53) 池田恒雄「編集後記」(『相撲界』一九四四年四月号)九二頁。
(54) 池田恒雄「編集後記」(『相撲界』一九四四年五月号)七六頁。
(55) 池田恒雄「編集後記」(『相撲界』一九四四年七月号)七二頁。

(56) 池田雅雄編『相撲百年の歴史』(講談社、一九七〇年) 一八四頁。
(57) 赤澤、前掲注37、一三三頁。
(58) 池田恒雄「編集後記」(『国民体育』一九四四年八月号) 七二頁。
(59) 池田恒雄「スポーツ雑誌とともに三〇年 (一二)」(『ベースボール・マガジン』一九六〇年一一月号) 二一八―二一九頁。
(60) 池田恒雄「編集後記」(『国民体育』一九四四年一一月号) 五六頁。
(61) 池田、前掲注59、二一九頁。
(62) こうした女性ファン誌としてのスポーツ雑誌のあり方は、今日の「男性中心主義」化した「スポーツ観戦をめぐる性差のポリティクス」を相対化するものであろう。スポーツとジェンダーをめぐる研究領域においては、「女性がスポーツを語る際には、〈男性化されている〉観戦規範の内面化を迫られ、「気後れ」の感覚に襲われる」と指摘される (田中東子『メディア文化とジェンダーの政治学――第三波フェミニズムの視点から』世界思想社、二〇一二年)。だが、かつてのスポーツ雑誌上では、女性雑誌と見間違われるほど投書欄において女性が積極的にスポーツを語っていた。そこには、今日男性化した批評空間とは異なるスポーツ・メディアのあり様をみることもできよう。

第二章　インテリ気分を満たす野球雑誌——占領期における啓蒙志向の受容

博文館を辞した池田恒雄は、終戦後の一九四六年に『ベースボール・マガジン』を創刊した。読者を指導する啓蒙志向の理念を説いた『ベースボール・マガジン』は、占領期にかけて「高尚な本」として野球雑誌のなかで一目置かれる存在となっていった。(1) そんななかで当時の読者欄には、以下のような投書がしばしば掲載されている。

昭和二一年、漢口から帰還した時、ふと手にしたマガジンで、内村祐之氏の米国球談コニー・マックとエームケのワールド・シリーズ秘話を読んだ。それがもとで、私は忽ち内村ファンになった。以来マガジンを欠かさず読んでいる。(中略) 米国の野球原書に関する内村祐之氏の話は、興味の深い読物だった。不勉強なライター以外、今更先生に

衒気を感じるものはあるまい。こんな話はもっと書いて頂くようにお願いしたいものである。(2)

ここで読者が名を挙げている内村祐之とは、かの内村鑑三を父に持つ精神科医である。占領期、内村は東大医学部の教授を務め、精神科医としても東京裁判で大川周明の精神鑑定などを行いながら、『ベースボール・マガジン』にほとんど毎号登場していた。(3)それも多くが巻頭の連載コラムを担当するなど主要な論客として活躍していたのである。では、一見、野球論評とは畑違いにもみえる東大教授の精神科医が、なぜ野球雑誌の主要論客となり、いかなる野球論を展開していたのか。

本章の目的は、占領期の『ベースボール・マガジン』における啓蒙志向の展開とそれが選び取られる背景を検討することにある。その際、当時の『ベースボール・マガジン』において最も代表的な野球論者であった内村祐之に着目する。戦後のスポーツ出版を牽引してきたベースボール・マガジン社の設立者にして、同誌の初代編集長であった池田恒雄が「もし内村先生の御協力をいただけなかったら今日のベースボール・マガジン社は、存続していなかったであろう」と語るほど、『ベースボール・マガジン』においての内村の存在は絶大なものであった。(4)内村の存在が顕著となる占領期の『ベースボール・マガジン』において、内村は野球やスポーツをどのように語ったのか。そしてその言説が雑誌という媒体を通して読者たちにいかに受容されたのかを明らかにしたい。これらを検討することは、今日とは異なるような社会的なスポーツ観のあり様や、当時の野球雑誌が有していたメディアとしての性格を考察することにもつながるだろう(5)。

1. アメリカを語る「権威」の発見

「高尚」な書籍的雑誌

終戦直後の一九四六年から一九四八年の間に、野球雑誌が相次いで創刊された。大小二〇誌近くが乱立した野球雑誌の創刊ブームは、当時、『日本読書新聞』において「終戦後のスポーツ復興に歩調を合せて、この分野の雑誌がふえたことは全く物すごい」と取り上げられるなど(6)、終戦後の出版界では総合雑誌の復刊やカストリ雑誌の氾濫とともに大きな関心事となっていた。

その背景には、終戦後における野球の社会的な盛り上がりがあった。GHQによる非軍国主義化・民主化政策の一環としてスポーツ、特にアメリカ発祥の野球が推進された一方で(7)、戦時体制の崩壊による解放感のなかで人々は野球観戦に熱狂した(8)。実際、早慶戦は、終戦か

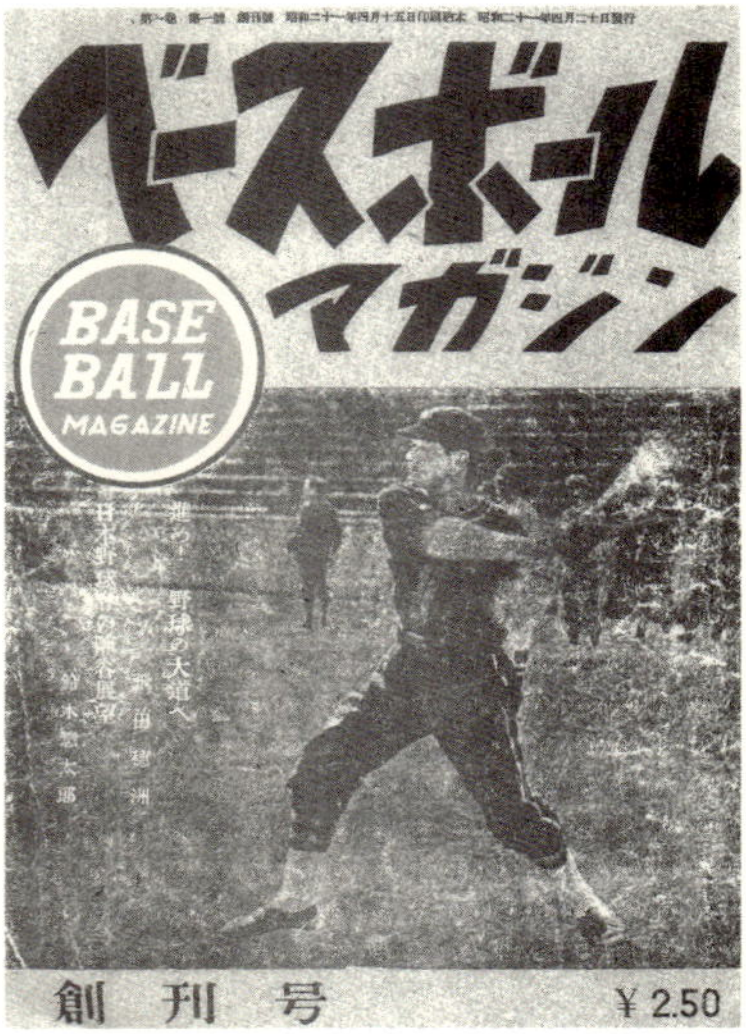

図2-1　『ベースボール・マガジン』創刊号
（1946年4月号）

ら僅か三カ月後の一九四五年一一月一八日に神宮球場で行われ、[9]その試合の様子はラジオでも放送された。[10]こうした終戦直後の社会における「野球復興」の盛り上がりのなかで、野球雑誌は陸続と創刊されていったのである。

この野球雑誌創刊ブームの先陣を切った雑誌こそが、一九四六年四月に創刊された『ベースボール・マガジン』であった[11]（図2−1）。創刊当初の同誌では、啓蒙志向が打ち出された。池田は「編集後記」において、「筆をとる社友の方々は、日本球界の第一線を行く人々であるから、その筆陣によつて野球への道を啓蒙する」と強調した。[12]当時の『出版年鑑』も同誌を次のように評している。

野球雑誌は続出のかたちであるが「ベースボールマガジン」（恒文社）の求道的な高尚な編集振りが注目され、「ホームラン」（蒼穹社）「野球界」（博文館）のファン誌が之に次ぐが、これ等は少年達にも相当多数のファンを擁している。[13]

同時代に刊行されていた野球雑誌のなかで、「求道的な高尚な編集振り」の『ベースボール・マガジン』は、その啓蒙的な性格ゆえに注目を集めていた。『ベースボール・マガジン』が啓蒙志向を選び取った背景には、当然、池田の意向が大きく関わっていた。

創刊号の巻頭を飾ったのは、学生野球評論の第一人者であった飛田穂洲による「進め！野球の大道へ！」である。「学生野球の父」として知られる飛田は、戦前の野球害毒論と戦時中の野球排撃論による二度の「迫害」を経験するなかで、日本の修養主義的価値観に適合した「武士的野球」論、すなわち「野球道」を構築していった。[14]

『ベースボール・マガジン』創刊号においても、飛田は、終戦直後の「国民生活の混乱背徳行為の羅列、飢えと寒さ」が続く状況下で、「悲運戦禍の中に翻弄されたけれども、敗れてなお且つ日本人の矜持を失いたくない」として「吾々は此の敗北を契機として、一層教養度を昂めねばならぬ」と語る。とりわけ、「青少年の頽廃的気分」に「明朗性」をもたらすものこそが、野球であると説いた。[15]

こうした修養主義的な価値観に基づく「野球道」の代表的イデオローグを起用したのもまた、池田が切望したことによる。池田自身、「自分の出す雑誌の第一号の巻頭を飛田穂洲の一文で飾ることが出来るかどうかに、この雑誌を出すゆえんのすべてをたくすつもりでいた」として創刊時の状況を以下のように回想している。

なぜ、飛田さんの文章に執着したか、というと、戦争に負けたとたんに、なんでもかでも、付け焼刃的なデモクラシーを唱え出し、古いもののすべてを悪しざまにしようとする風潮に腹が立ったからである。(16)

戦後の価値転換のなかで唱えられる「付け焼刃的なデモクラシー」への違和感から創刊当初の『ベースボール・マガジン』では、戦前から修養主義的価値観を説く飛田こそが主要論客として重宝された。実際、一九四七年までは飛田による論説や座談会の多くが巻頭を飾っている。(17) そして飛田自身も、こうした池田の「付け焼刃的なデモクラシー」への違和感に沿うように「殊に此の際注意しなくてはならぬことは、デモクラシーを穿き違はぬことであり、学生野球本来の使命を夢にも忘れないことである」としたうえで、次のように説く。

吾人も亦、久しく此の信念に生きて、信仰の高きにゐたればこそ、官僚無暴の弾圧にも屈することなく、遂にこれを守り通したのであるから、学生野球に精神鍛錬が無視される時が来たら、学生野球の特色は失はれるし、遠からず衰亡の一途をたどるに相違ない[18]。

飛田は、戦後日本における野球の再興も、修養主義的な「野球道」に基づくものであることを強調する。あくまで「人生修業の完成を信じ」る「精神鍛錬」としての野球のあり方を繰り返し説いていた。

こうした一見堅苦しくもみえるような『ベースボール・マガジン』の「求道的な高尚な編集振り」が、なぜ注目を集めたのか。当時の野球雑誌界の潮流について、『日本読書新聞』の「雑誌展望」にて神田順治は以下のように評している。

「指導しようとか、教育しようとか云つたような大それた考えはない、読んで面白ければそれでよい」こう云つた態度が露骨で、それがアンフエアなストーブリーグを生む手助けをしていたことを編集者は反省せねばなるまい[19]。

野球雑誌が陸続と創刊され、その多くが「読んで面白ければそれでよい」という娯楽的な志向を採る傾向にあった。そんななかでこそ、「求道的な高尚な編集振り」の『ベースボー

再建學生野球論

飛田穂洲

図2-2　飛田穂洲による論説記事
（『ベースボール・マガジン』1946年8月号）

ル・マガジン』は注目を集め、「野球雑誌のリーディングヒッター」と評されるほどの地位を占めたのであった[20]。

さらに言えば、同誌の啓蒙志向は、他誌との差異化戦略だけではなく、当時の雑誌を取り巻く出版状況にも沿うものであった。「なにしろ紙がないので、ページを増す訳にもならず、いきなり記事の厳選と云ふことになつてくる[21]」と綴られているように当時の雑誌制作において、池田を悩ませたのは紙不足であった。物資が不足していた終戦直後においては、新聞社及び出版社に対する用紙の供給自体が、内閣直属の出版用紙割当委員会の統制下に置かれた。一九四八年版の『出版年鑑』では、「割当量の少量のため、一般大衆向の雑誌は止むを得ず統制を受けていない仙貸《ママ》紙を大量に使用」した「汚い読みにくい雑誌が横行するにいたった」と、雑誌出版の窮状が伝えられている。[22]『ベースボール・マガジン』も、創刊号は仙花紙でできたわずか三〇頁ほどの小さな冊子に過ぎなかった。[23]こうして雑誌の紙幅が限定されるなかで、当時、池田は次のように述べている。

　ページ数の少いワクの中にあれも入れたいこれも入れたいで欲には際限がありません。ただどうしてもといふことになると、いきをい執筆者顔触れは、安定感のある一流中の一流といふことになります。貴重なページに無駄は禁物です。読者の皆様もその点をくまれて、なるべく再読、三読されんことを希望します。[24]

雑誌の頁数が限られるからこそ、池田は論者が「一流中の一流」になると強調したうえで、読者には「再読、三読」を求めた。このように繰り返し読むことが期待される雑誌のあり方を、メディア論として説明すれば、書籍のように読まれる雑誌、いわば〝書籍的な雑誌〟であったといえよう。頁数が少ないがゆえに繰り返し読むことが期待される書籍的なメディアの形式は、修養主義と結びついた飛田の学生野球論などのように、抽象的な価値を説く啓蒙志向の雑誌理念とも親和的であった。[25]

野球道とデモクラシーの接続

ただし興味深いのは、『ベースボール・マガジン』では修養的な「野球道」とアメリカ的な「デモクラシー」が必ずしも相対立する価値観などではなく、むしろ連続するものとして解釈されていた点にある。実際、当時の誌面にも、飛田のような野球道や学生野球のあり方を説く論稿とともに、「デモクラシー」という言葉でもって野球を語る論稿も多く見られる。

先に紹介した創刊号においても、鈴木惣太郎「野球デモクラシイの問題」が掲載されている。鈴木惣太郎は、戦前から日米野球交流の尽力する一方で、自らも野球ジャーナリストとして積極的にアメリカの野球文化を紹介する論者であった。[26] 鈴木は、野球を「デモクラシイの国アメリカで生れ、アメリカで今日の盛大にまで育てあげられた偉大なるスポーツ」と据える。そのうえで日本の野球の「本領や性格の変化を求めてゐるのではない」としながらも、「日本が真にデモクラシイを再生しようとするならば」、「軍国主義」から「デモクラシイを基調とする野球の扱ひ方」に改める必要があると説く。[27]

また鈴木のみならず、「民主主義」や「科学」などの進歩的なイメージを野球に重ねながら、アメリカ的な「ベースボール」への転換を説く論客が創刊当初の『ベースボール・マガジン』の誌面には頻繁に登場している。常連論客の一人でプロ野球監督でもあった三宅大輔も「野球を科学せよ」、すなわち「米国式の野球を行ふ」べきだと論じている。[28]「野球技は、世界で一番、民主主義を主張しているアメリカの国技である。それ故、野球は民主主義的に出来上がつたスポーツである」と三宅は説いた。[29]

では、一見相矛盾する「野球道」とアメリカ的な「デモクラシー」の価値観は、どのように接続し得たのか。一九四六年一〇月号に池田が記したと思われる「正しき野球へ」と題された巻頭言が見られる。そこでは、次のように「野球の本質」として修養主義的な価値観に「デモクラシー」が包摂されている。

過去から現代に幾多の先輩が野球を通じて、道義日本を作りあげようと、如何に血と汗の精進をつゞけてきたであろうか。(中略)われわれの日常生活は、野球に学ばなければならないのだ。この野球の本質が如何によくデモクラシーへの道に通ずるものであるか、日本の野球に関心を持つものは、三思三省しなければならないときに到達した。

野球がアメリカの国技だ、と云われ、われわれがそれによつて教へられるのも、単なる皮相な面白さのためばかりではない。野球を通して鍛えられる人間性の問題である。日本的に〝道〟の言葉をもって置きかへてもよい。[30]

「アメリカの国技」としての野球から学ぶべきは、「人間性」を鍛えるスポーツであって、それは「デモクラシーへの道に通ずる」ことが強調されている。修養主義の「道」と同質なものとして、アメリカ的な「デモクラシー」が位置づけられている。ここでの「アメリカ」像とは、「単なる皮相な面白さ」としての消費主義的な文脈を超えて、「野球によって鍛えられる人間性」の面から学ぶべき規範的な存在として捉えられている。

野球言説において、旧来の日本的な「血と汗の精進」を求める「精神修養」と、アメリカを象徴する「デモクラシー」とが連続性を持つものとして語られた背景には、当時の占領軍による検閲の影響が窺える。

GHQによる出版物へのプレスコードが敷かれた占領下においては、もちろん野球雑誌もその対象となっていた。実際、池田自身も『ベースボール・マガジン』創刊号での先に紹介した飛田穂洲の論稿が検閲対象となったことを語っている。[31] また国会図書館所蔵のプランゲ文庫の中には、『ベースボール・マガジン』についての検閲文書も確認でき、こちらも創刊号の鈴木の論稿「野球デモクラシイの問題」の一部が削除されている。

また同時に、占領軍は「民主化」政策の一環としてスポーツ振興を積極的に行っていた。関春南の占領期スポーツ政策に関する研究によると、そうした政策の基盤には、スポーツマンシップの精神に「アメリカンデモクラシー」を代弁するもの」を見出そうとする認識があったという。[32]占領期においては、アメリカ発祥の野球に「デモクラシー」を投影するのは、自然な流れであったといえよう。当時の『ベースボール・マガジン』の誌面上でも、野球振興における占領軍の存在はしばしば言及されている。例えば一九四九年八月号では、マッカーサーが早慶戦に際して送ったとされる祝辞が掲載されている。「人間の人格を築く精神的価値のより大なる源泉」となるのは「日米両国民が深く広い関心を持つ競技、すなわち野球」であり、「国家の再建に関係ある重大問題を、日本の全国民が解決するに役立つ偉大な道徳の力を、私は野球の中に見出す」というマッカーサーの語りが強調された。[33]

とはいえ、野球に「デモクラシー」や「アメリカ」が重ねられた要因は、こうした占領軍による野球を通した「上からの民主化」だけによるものではない。日本社会においても軍国主義批判の象徴として人々が野球を「抱擁」した面が、当時の野球雑誌の誌面からは見て取れる。先の巻頭言では同時に、戦後社会のなかで野球というスポーツに込められた意味について、以下のような記述も見られる。

終戦後野球の復興が何ものにも先きがけて目覚ましいのは、それが戦時中に不当の圧迫を受けてゐたからである。その反作用として野球は、最も活発に最も旺盛に行はれつゝある。[34]

これだけでなく、先述の飛田の野球論にもみられるように、終戦直後の『ベースボール・マガジン』において強調されていたのは、野球が「戦時の不当な圧迫」、「官僚無暴の弾圧」を受けたとする戦時期の記憶である。それゆえに、「軍国主義からデモクラシー」へと社会的な価値規範が転換した戦後にあって、「軍国主義の犠牲」とされた野球は大きな魅力を帯びた。

野球道とデモクラシーの接合が説かれる状況下で、修養主義的な価値に即して「アメリカ」およびアメリカ野球文化を紹介する権威者として浮上したのが、内村祐之であった。

2. アメリカ野球を語る社会的エリート

肩書の強調

内村祐之が『ベースボール・マガジン』に初めて登場したのは、一九四七年七月号「ウォールター・ジョンソン勝利の日」である。その後も「アレキサンダーのスリル」(同年九月号)、「コニー・マックの秘話」(同年一〇月号)などアメリカ・メジャーリーグの逸話を紹介する寄稿を行っている。こうした当初の寄稿は、内村自らが回想するように、空襲で野球に関する蔵書を失っていたなかで、たまたま手に入れた「前線にあるアメリカ将兵向けの粗末な文庫本」のなかから「大リーグの野球のエピソード」を取り上げたものに過ぎなかった。それでも、『ベースボール・マガジン』がアメリカ野球文化を称揚する誌面構成を採る中で、内村の寄稿は「世間のファンから大いに受け、プロの選手から高校生に至るまでに読まれたので、池田君は次から次へと注文」したと内村自身は述べている。(35)

ただしその受容のされ方において興味深いのは、「東大教授、精神医学者」という内村の肩書が強調されている点にある。当時、野球評論家の久保田高行は、誌面の中で内村の登場を以下のように言及している。

図2-3　内村祐之
(『週刊ベースボール』1983年2月14日号)

この雑誌を主催する池田恒雄は、雑誌「野球界」時代からの名編集者で、常時から寄稿家を発見するのに独特なスカウト的手腕を持つている点に就いて、私は正直なところ常日頃から敬服していた。彼が今回、東大医学部教授、医学博士内村祐之の登場をうながし、スポーツ・ジャーナリズム界の脚光を浴させたのは大ヒットだ。(36)

内村は、編集者の池田によって「東大医学部教授、医学博士」の寄稿家として発見されたのである。事実、池田自身も「流石に、その道の大家だけ内村先生の野球談は一段と精彩を放つている」と語っている。[37]また内村によるアメリカ野球論の連載を書籍化した際の広告においても「著者は東大教授、医学博士で日本の代表的権威でありますが、野球に関しても一高、帝大で雄名をとどろかせた名投手です」と、まず「東大教授、医学博士」であることが前提とされた。[38]

野球雑誌における「読むスポーツ」の規範

このように内村の学者としての肩書が強調される背景には、やはり『ベースボール・マガジン』の啓蒙志向が深く関わっていた。先述のように当時の出版界では『ベースボール・マガジン』の「求道的な高尚な編集振りが注目され」、池田自身も同誌の主旨を「権威」ある執筆者の「筆陣によって野球への道を啓蒙する」と語っていた。[39]具体的には、内村のように野球とは関係なくアカデミズムやジャーナリズムの領域で活躍する知識人、すなわち文化的に威信の高いエリートを論客として誌面に登場させた。

特筆すべきは、池田が野球言論界の外部からも論者を発見してくる点にあった。『日本読書新聞』では、他の野球雑誌と比較しながら『ベースボール・マガジン』の特徴を次のように評している。

ベースボール・マガジンは旧野球界の編集長池田恒雄君の編集になりいわゆる池田式の型で谷川徹三、辰野隆といったそうそうたる学識者を時時登場させて後述のホームランを交えた三誌中（当時の代表誌であった『ベースボール・マガジン』と『野球界』、『ホームラン』―引用者）最もインテリ気分を満いつさせている。[40]

戦後初期の『ベースボール・マガジン』は、「学識者」を誌面に登場させるなど「インテリ気分」を満たすような雑誌であった。

実際、当時の誌面には、フランス文学者で東大教授の辰野隆や、英文学者で同じく東大教授の中野好夫らも、数こそ限られるが登場している。[41] 辰野らも内村同様、初登場した際には編集後記にて「辰野隆氏はフランス文学の大家で先づ雑誌を読むほどの人で知らない人はない。文学博士、東京帝大教授」とその肩書が強調された。[42] このように知識人が多く登場するなかで、内村は占領期において連載時評や翻訳を担当するなど、その存在感は論者のなかでも突出していた。

では、知識人のなかでもなぜ内村に注目が集まったのか。先述の引用にもあるように内村には、「東大医学部教授」だけでなく、「野球に関しても一高、帝大で雄名《ママ》をとどろかせた名投手」という、もうひとつの肩書があった。[43] その意味で、元旧制一高のエースでありながら、東大医学部教授という文化的エリートとしての「権威」を帯びた内村は、「学生野球」の理解者でありながら「近代的なアメリカ文化」を教示してくれる、『ベースボール・マガジン』にとってまさに理想的な論者であった。

『ベースボール・マガジン』内における内村の存在がより際立っていくきっかけが、一九四九年のアメリカのサンフランシスコ・シールズ来日による戦後初の「日米野球」であった。野球による日米交流を模索していたGHQと日本野球連盟の交渉の末に実現した戦後初の日米野球の模様は、新聞上でも試合前から連日に渡って報じられるなど社会的な関心を呼んだ。[44]

もちろん、『ベースボール・マガジン』でも一九四九年一二月号を「シールス来訪記念号」として、このイベントを大々的に取り上げた。同号にて内村は、巻頭での「シールス観戦録」を寄稿し、座談会「われわれはシールスから何を学んだか」にも参加するなど誌面上で中心的な役割を担った。池田も「内村博士をまつて初めていられる高級批評であると共に、シールスを迎えた日本野球への唯一の科学的クリティシズムである」と内村の論評を強調した。[45]

こうして『ベースボール・マガジン』は「弗箱、内村博士をようし、野球雑誌界の中公（＝『中央公論』―引用者）を自任してい」った。[46]『ベースボール・マガジン』にとっては、占領期、「東大教授」として「アメリカ」を語る内村の野球評論を掲げることでこそ、総合雑誌のようなイメージを担保することができたのであった。
重要な点は、当時においては、読者もまた内村の「高級批評」をありがたく読んでいた様子が見られることにある。読者欄には、「マガジンの一大特色は、内村祐之氏が毎号書いておられることで、実に立派なものであるから今後とも続けていたゞきたい[47]」という声や、大リーグの記事を読む「楽しみが、内村祐之氏の名文に負うところ大なるものである[48]」という声が掲載されている。また、一九四九年に内村の『ベースボール・マガジン』内での連載を書籍化した『ホームラン物語』が再版された際には、以下のような選手からの感想が付記された。

私は汽車で遠征するときも下宿で暇のときも、いつもこの本をよんでいる。興味津々たる野球読物の最大傑作集だと思っている。アメリカ野球日本野球を知るためには、これだけの知識と教養を身につけることが大切だ。野球ファンもプレーヤーも日本の野球をたかめるために必ず読むべき本だと、いつも考えている[49]。

読者にとって内村の野球論稿を読むことは、「アメリカ野球日本野球を知るため」の教養体験となっていた。教養主義は、序章でも述べたように大正期から戦後初期にかけ、旧制高校や大学などにおいて共有されていた「読書を通じた人格陶冶」の規範である。哲学や文学のような難解な人文学の書ではないものの、内村鑑三の息子であり、かつ東大教授の精神医学者たる知識人・内村によるアメリカ野球論を読むことは、野球雑誌の読者にとってある種の高尚な教養体験となっていた。逆にいえば、その「高尚さ」は、内村鑑三の息子にして東大教授という内村の学歴エリートとしての肩書によって担保されていた。いわば、内村の論稿を読むことは読者にとって「インテリ気分」に浸る体験であったといえよう。当時の『ベースボール・マガジン』において、内村の肩書が強調されたのは、こうした「教養」の力学が作動したからである。

日本の教養主義文化が修養主義を素地とし旧制高校で成立したように、日本の野球文化もまた旧制高校での修養主義的価値に基づく刻苦勉励の精神鍛錬を説いた「野球道」に源流を持つ。だとすれば、修養主義に沿う大リーグ選手の人格的逸話を抽出・紹介する内村の論稿を読むこと自体にも、「人格形成」と契機が見出されたのではないだろうか。

「アメリカ」を絶対的な権威者として日常的に意識せざるをえない占領下にあって、内村のアメリカ野球論は、「貧しい」日本社会との対照項として「豊かな」アメリカ社会への「憧れ」のなかで訴求力を帯びたといえよう。

3．修養主義の下で説かれるアメリカニズム

「学ぶべきアメリカ」像の成立

占領期の野球界にとって一大イベントであったシールズ来日による「日米野球」以後、内村はアメリカ野球の逸話や技術解説のみならず、評論記事も積極的に担当していくようになった。内村はその際、野球をスポーツの一種目として論じるのではなく、社会的な文脈に引き付けて語ろうとしていた。

野球がこれだけ普及すると、もはや小さな社会問題としては扱われない。ことに多望な少年の間にファンが多いとなると、教育の面からも、軽々しくは見すごされぬ。そこで道学者ならずとも、ときにはまじめな野球観を論議する必要があるわけである。(50)

内村は、技術解説の延長で、アメリカ人選手のプレー精神、さらにそれを生むアメリカ社会の土壌についても論じた。その際、内村は、先述のように日本野球とアメリカ野球を比較し、その写し鏡として「遅れた日本社会」との対比で、理想的な社会としてのアメリカ像を描き出した。ここに「学ぶべきアメリカ」という規範が明確に立ち現れる。内村はアメリカ

野球の原書を取り上げながら、以下のように論じている。

これを読めば、アメリカでは体育よりも徳育の手段として野球を利用していることがよくわかる。徳育というと古めかしいが、野球によって正しいフェアプレーの精神と良い市民精神とを小国民に植えつけようとして、みんなが力を入れているのである。(51)

ここで興味深いのは、「近代的なアメリカ」の社会像として取り出されるのが、野球による「徳育」とされている点にある。「学ぶべきアメリカ」像は、野球による「人格形成」という修養主義的な価値観に沿う形で抽出されているのである。その意味で、内村の野球論には、アメリカニズムと修養主義の接合がより顕著に見られる。

今さら言うまでもなく、今日野球が社会に対してもっている影響力は絶大なものであって、到底片々たる娯楽などの及ぶところではない。ましてその影響が将来国家を担うべき少年に対して如何に大きいかを思うとき、プロ野球を単なる企業または大衆娯楽であると考えることは大きな誤りであって、ここにもプロ野球に関係する人の深く反省すべき一点があると思う。下品な品性の野球が社会に及ぼす悪影響の程度は測り知れぬものがあるに反し、上品な野球は有力な社会教育の効果を挙げるものである。野球は国民を善導することも不良化することも出来る力を持っているのである。

私がシールス軍に対して尊敬措く能わざるものを覚える所以は、彼等が野球のもつこの責任を充分に自覚している点に存する。(中略)時折り私はアメリカの社会がもつ精神の大きさに心を打たれる。(52)

内村は連載内で繰り返し「大衆娯楽」としてではなく、「社会教育」や「精神的な豊かさ」としてのアメリカ野球文化のあり方を説いた。それは、吉見俊哉が指摘した消費主義的な面での「豊かさ」の象徴としてのアメリカ像とは異なる、精神主義的な学ぶべき対象としてのもうひとつの「豊かなアメリカ」像といえよう。(53) 占領期において、「高尚さ」を強調する『ベースボール・マガジン』という雑誌メディアのなかで、「権威」ある「東大教授」が媒介することによって成立したアメリカ像である。

そのうえで内村は、アメリカ像から抽出した「徳育」としての野球像をスポーツの社会教育的価値観へと展開する。内村は、アメリカ野球を題材に「自然に健全な市民精神をやしなうことのできる」野球の社会教育的価値を論じたのである。(54) では、内村が提示した野球による社会教育としての価値観は、どのように生み出されたのであろうか。

アマチュアリズム信仰を突き詰めたプロ・スポーツの共存

内村祐之に影響を与えたものは、『鑑三・野球・精神医学』という自伝の名が示す通り、父であり「宗教家であり、思想家であった」内村鑑三と、「若き日に情熱を注いだ」野球と、「ライフワーク」の精神医学である。[55]

一八九七年生まれの内村祐之は、少年時代から野球に惹かれ、「どんどんその熱を上げていった」。父の鑑三も、スポーツは、「若い者のあり余る精力を適当な方面に発散させるのは教育上必要な事」と「スポーツの効用を認める半面、エネルギーをスポーツに傾け過ぎて、本来の学業をおろそかにすることをいたくきらった」と内村は語っている。[56] その後、「カントやフィヒテやゲーテを生んだこのドイツ語を、この若い時に覚えておかなければ、機会を失う」という鑑三の勧めの下で、独協中学に入学する。中学を卒業後は旧制一高に進学するが、そこで初めて野球を本格的に行うようになった。というのも部活動などでは「それまで正式に野球をやったことはな」く、また「野球に没入しようとも思ってはいなかった」が、このとき寮生の強い勧誘によって、一高野球部に入部し、先述したように名投手として知られようになった。[57] 当時の一高野球部は「苦行から生まれる頑張りの精神の養成を第一義としていた」というように、内村はここで精神修養を通じて人格形成を目指す修養主義の価値規範に触れるのであった。[58]

野球の批評空間においてはアメリカ野球論者として位置づけられていた内村だが、このように、それ以前の野球との関わりは学生野球としてのものが最も深かった。卒業後も、戦前の東大野球部部長を務め、野球が「敵性スポーツ」として弾圧される戦時下においては、六大学野球連盟理事長として対応した。

そんな内村にとってのスポーツ観は明確だった。精神医学者を志す内村にとって、野球はあくまで「余技」であって、学生野球もあくまで精神修練による人格形成の場であるべきだと唱えた。(59) こうした考え方は、前述した学生野球のイデオローグ・飛田穂洲が説いたような、精神修養を本義とする「野球道」の理念とも重なるものであった。『ベースボール・マガジン』のなかでも、内村は「野球と学問といえばずいぶんちがつた方面で、ちよつと見ると、たがいに関係がないように思われる。しかしそれぞれが一つの「道」であるという意味では同じであると意味では同じで、したがつてこの「道」にふかく入ろうとする場合には、まつたく同じ心がまえが必要である」と述べたうえで、「読書百遍、意おのずから通ず」として修養主義の面での読書と野球との親和性を強調した。(60)

ただ内村自身は、学生野球と関わるなかで、そうした理念とは裏腹に「大学当局が選手の獲得やその待遇につき、学生のあるべき姿を越えてセミプロ化の傾向」に「心を痛め」、戦争の激化によって中止されたことを機会に、「学生野球から手を引いた」という。そして戦後は、「学生野球の弊風を知っている私は、技術が高く、職業にも徹しているプロ野球の方がすっきりしていると思ってプロ野球を選んだ」と回想している[61]。

とはいえ、内村は日本のプロ野球のあり方に対しても完全に賛同するわけでもなく、複雑な心境を抱いていた。以下のように、プロ・スポーツの存在自体は容認しつつも、一方では違和感を表明している。

私はプロ・スポーツを肯定するものである。高い技術を鑑賞したいと望む多数のファンが存在する限り、特技をもった者が、その特技によって収入を得るのは当然のことであって、忌むべき何らの理由もないと私は思う。しかし、こうした見方には一つの矛盾もなくはない。大学に入学して高い教育を受けた者が、なぜ、そこで専攻したことを業とせず、プロ野球の選手になるかという問題である。少なくとも私自身は、どんなに野球に熱中している時でも、これは余技だと思っていた。大学が野球学部でも公認しない限り、この問題は大学自体の教育体制の問題でもある[62]。

特筆すべきは、ここで内村が、学生野球のアマチュアリズム信仰を「社会教育」の理念として突き詰めることで、プロ・スポーツまでも許容している点にある。内村は、一方で大学に行くようなエリートであればスポーツはあくまで「余技」として行うべきであって、逆に「職業」として徹するのであれば「市民精神」を養うための「社会教育」として推奨したのである。

アマチュアリズムは、有閑階級による「余技」としてのスポーツを美徳としたもので、選手やコーチに対して賞金や給与といった金品の授受を禁じるなど、富裕層によるスポーツの独占化の傾向、換言すれば、国民全体へのスポーツ普及を抑止してきた側面があるとされてきた。[63] 端的に言えば、アマチュアリズムとは、職業としてのプロスポーツの存在を否認するものであった。だとすれば、自らのスポーツ体験を「余技」に過ぎなかったと語るなど、アマチュアリズムを信奉する内村は一見、「余技」を越えたプロ・スポーツのあり方に否定的であってもおかしくない。

だが、人格陶冶を目指す修養主義の規範からアマチュアリズムを信奉していた内村にとっては、むしろ市民精神の涵養の機会としてプロ・スポーツも許容されていた。つまり、修養主義を媒介にすることで、「社会教育」という文脈の下、アマチュアリズムとプロ・スポーツの存在は連続性を持ちえた。それは「社会教育としての野球」という理想化したアメリカ像を、修養主義的な野球像に輸入することで成し得た論理であった。

一方で、そこにはエリート的な修養主義に伴う位階構造（ヒエラルヒー）が前提とされていた状況も浮かび上がる。野球を「社会教育」の機会として捉えることでアマチュアリズムの理念の下においても、プロ・スポーツは許容された。だが、内村の語りにおいては、エリートが行う「余技」と大衆が行う「職業」としてのスポーツというように、エリート／大衆という階層的な差異化の文法が前提にされていることもまた確かである。修養主義と結びついた野球の言説空間は、プロ・スポーツを包摂しながらも、その存在をエリートの下位に位置付ける。言い換えれば、それは「本業」としてスポーツだけを必死に取り組む大衆に対し、あくまで「余技」としてスポーツにも造詣があることを示すようなエリートへの跪拝を強いる象徴的な暴力空間でもあった。

野球界の権威となる精神医学者

内村にとっては、野球雑誌への寄稿もあくまで「余技」に過ぎなかった。しかし内村は、一九五〇年に日本プロ野球がリーグ再編問題をめぐり紛糾するなかで、その裁定役として新たに設けられたコミッショナーへの打診を日本野球機構より受けた。内村へのコミッショナー打診はセ・パ両リーグ球団の「総意」と報じられるなど、内村の威信は雑誌内での批評空間にとどまらず、いよいよ実際の野球界そのものにまで及んでいた。[64]

ただし、内村は結局、打診を断り、この時は顧問の座に就くにとどまった。[65] その際に、内村は以下のようにコメントしている。

私は学者として生きる覚悟だからその本分をなげうってまでコミュッショナーになろうとは思わない、ただし、私は野球の愛好家だからコミュッショナーについてはいろいろ腹案もある。(66)

内村自身が「学者として生きる覚悟」を強調したが、こうした野球界での注目は内村にとっては「本分」の場である精神医学界でも話題を呼んだ。医学ジャーナルの『日本医事新報』では、内村に対して「然しそれにも増して要望されることは彼氏の学問への強力なカムバックだ」と評している。(67)アカデミズムの世界においては、内村の野球界への関わりについて快く思っていない人も少なくなかったようで、当時の状況について池田は「時の東大総長は南原（繁）さんでしたが、内村先生をコミッショナーにって願い出たら、南原総長、厳粛な顔していいましたよ。〝さような俗事に内村を引っ張り出したりしては地下の鑑三先生に何の顔（かんばせ）あろう、お帰り下さい〟」と言われたことを回想している。(68)

内村にとっての野球雑誌での寄稿は、あくまで医学者としての「本業」のかたわらで行われる「余技」に過ぎなかった。内村自身にとっては「驚くほど大衆性」を帯びた野球雑誌への寄稿は、「地味な学問である」精神医学がなかなか広く認知されないことに対する気晴らしでもあった。(69)だがむしろ、「本業」を前提とした「余技」であったからこそ、啓蒙志向を掲げる『ベースボール・マガジン』では、内村は論客としての権威性を帯びた。言い換えれば、東大医学部教授としての「本業」によって、「余技」でのアメリカ野球論に、『ベースボール・マガジン』では「教養」的な意味付与がなされたのであった。

4. 啓蒙志向の内面化

啓蒙志向とそれを支える読者

本章では、占領期における野球雑誌のあり様を、『ベースボール・マガジン』での内村祐之の浮上に着目し、雑誌上での啓蒙志向の展開と野球というスポーツにおける修養主義および教養主義との結びつきから検討してきた。ここで改めて、啓蒙志向の具体的な内容として提示された野球言説におけるアメリカ像が、占領期という時代状況や社会背景にいかに規定されていたのかに関する一端を考察したい。

占領下における『ベースボール・マガジン』では、啓蒙志向の下で修養主義的なアメリカ像が提示された。特筆すべきは、それを熱烈に支持していた読者の存在である。占領期の体育・スポーツ政策研究においては、これまでGHQの統治下においては、民主化政策の一環としてスポーツが「上から」推奨されたものと指摘されてきた。だが、当時の野球雑誌上に見られるのは、むしろ編集者が積極的に「アメリカに学べ」と提示し、アメリカ的なスポーツ像を読者もまた積極的に抱擁する姿である。そこでのアメリカ像とは、人々になじみ深い旧来の修養主義的な価値観とも接続可能なアメリカ野球文化であり、「人格形成」として野球を行う「アメリカ社会」であった。占領期の『ベースボール・マガジン』において内村が注目された要因としては、「精神修養の野球道」を「アメリカの民主的なスポーツ」へと読み替えてくれる文化的エリートであった点が大きい。

その意味で、内村の浮上には、教養主義を背景とした「読むスポーツ」の規範も垣間みえる。人々は学識者を起用する啓蒙志向の野球雑誌を通して「インテリ気分」に浸っていたのである。啓蒙志向の雑誌のあり方は、繰り返し読むことが期待される書籍的なメディア特性とも親和的であった。

少年誌への派生

啓蒙志向的な雑誌のあり方は、少年誌へと派生していった。ベースボール・マガジン社は、一九四八年に『ジュニア・ベースボール』という少年向けの野球雑誌を創刊した。興味深いのは、その創刊理由である。池田は、『ジュニア・ベースボール』創刊の狙いを、『ベースボール・マガジン』との関連で以下のように述べている。

本誌（『ベースボール・マガジン』―引用者）が比較的高い野球層を目指しているために、小学生諸君には少しむづかしいので、何かそうした方面のいい本が欲しいと、方々で注文されてきたが、新年号よりジュニアー・ベースボール（少年の野球）を発刊して、その要望に応えるつもりでいる。どうか御期待のほどを！[70]

『ジュニア・ベースボール』は、啓蒙志向を掲げる『ベースボール・マガジン』が「高い野球層」を想定するがゆえに、『ベースボール・マガジン』では「むづかしい」少年世代の読者へ向けて創刊された「弟雑誌」であった。「弟雑誌」としての位置づけは池田自身も明確に述べており、「ベースボール・マガジンの弟雑誌として月刊〝少年の野球〟は、くだらないマンガや低俗な読物を追放して、真に少年達に品格のある野球を教え、野球を通してスポーツマンシップを学びとらせようとする良心的なものです」と、『ジュニア・ベースボール』でも啓蒙志向が掲げられた。[71] その意味で、『ジュニア・ベースボール』は、少年読者層の開拓・育成し、将来的に『ベースボール・マガジン』の読者として統合を企図したものであった。読者欄には、以下のような声も見られる。

ぼくは、ＪＢそうかんいらいの愛読者です。そうかん号を兄さんが買つてきて下さつて、気にいつてしまい、それからこの本をとろうということになつて、毎月ＪＢを楽しみに待つようになりました。（中略）兄さんはベースボールマガジンを、ぼくはＪＢをとつています。恒文社の本は、とても編集がまじめだそうで、兄さんはお友だちに話していました。だけど、ぼくは付録がつかないのがさみしいとい〻ました。兄さんは、付録よりも中味だといつて教えて下さいました。[72]

ここでは雑誌の想定通り、兄が『ベースボール・マガジン』、弟が『ジュニア・ベースボール』というように読者の年代に応じて住み分けがなされ、将来的には、「付録」をほしがる『ジュニア・ベースボール』から、「中味」＝論説にこだわる『ベースボール・マガジン』への読者としての〝成長〟が期待される様子がうかがえる。読者欄では、「記者はこの愛読者クラブ欄の投書家の中から、どしどし立派な野球批評家がとび出すこと理想としています」として編集者が読者からの投書に対して文章の書き方を指南するなど、読者を指導する雑誌の方針が強調された。[73]

ただし、『ベースボール・マガジン』が軌道に乗っていく一方で、弟雑誌『ジュニア・ベースボール』の刊行が確認できるのは一九五〇年四月号までであり、少年世代にとっては必ずしも啓蒙志向が受け入れられたわけではなかった。

『ジュニア・ベースボール』に代わって終戦後の当時、少年向けの野球雑誌として注目を集めたのは、『野球少年』（尚文館）であった。一九四七年に尚文館より創刊された『野球少年』は、NHKアナウンサー志村正順による「誌上放送」などが話題を呼び（図2-4）、一九五〇年には四〇万部を記録し「少年雑誌の王者にのし上がった」[74]。『野球少年』は、戦前・戦時に講談社の『少年倶楽部』編集長や『講談社の絵本』シリーズの企画を担当した加藤謙一を顧問に迎えるなど講談社文化の影響が色濃い一方で、誌面上には内村祐之も登場するなど当時の野球雑誌が帯びる進歩的ムードにおいては『ベースボール・マガジン』とも共通する点もあった。

こうして野球雑誌を媒介にし、寺山修二のいう「野球を語らずに民主主義を語れないという世代」が形成された[75]。「野球を語らずに民主主義を語れないという世代」の焼け跡における野球＝民主主義体験は、阿久悠『瀬戸内少年野球団』（岩波書店、一九七九年）や井上ひさし『下駄の上の卵』（岩波書店、一九八〇年）など文学作品などに象徴される。同世代の大江健三郎も『野球少年』が幼少期のバイブルであったと語るなど、野球に戦後民主主義を重ねる世

図2-4　『野球少年』における「誌上放送」（『野球少年』1948年11月号）

代は存在した。(76)

堅苦しい野球語りの規範

『ベースボール・マガジン』における啓蒙志向の内面化は、硬派な誌面を読むだけでなく自らも野球を語ろうとする欲望として現れた。それは実際、読者欄で批評家として振る舞う読者の姿からうかがうことができる。「将来のスポーツライターの養成機関(77)」としての役割を求める読者の存在によって、結果的に読者欄には編集部から以下のような但し書きさえ出された。

御投稿の大半がマガジン調とでもいいますか、みなそれぞれ立派な一家風をなす論説、論文ばかり、あるいは中にはそのような投稿でなければならないのかと、感違《ママ》いされている方もあるのではないかと思われますが、この〝読者の声〟は皆さんの頁で、野球に関する思い出とか、随想とか、または日頃感じられていること、その他なんでも結構です。[78]

当時、啓蒙志向を掲げていた『ベースボール・マガジン』の編集部ですらむしろ困惑するほど、読者からは「立派な一家風をなす論説、論文ばかり」が寄せられていた。内村が『ベースボール・マガジン』の中心でアメリカ野球論を論じていた占領期において、読者の間では野球を知的に読み、語る規範が共有されていったのであった。本書の冒頭でも紹介したように読者欄では、「マガジンが常に高きを念として、ファンの好みに媚びるが如き編集振りを示さぬ態度」を評価し、「従って読者も他誌にくらべ、ずーつと高い教養を備えたファンが多いはずだ」という声が見られる。[79]

「〔読者の声〕欄が、球界全般への〝明るい燈明〟であつてほしいのだ」と語られたように、当時の読者は『ベースボール・マガジン』の読者欄に「高い教養を備えたファン」による公論の場としての役割を期待していた。それは、「多くを売らんがために読者の御機嫌をとろう」とする他誌の商業的な性格に対して距離を取ろうとするような、啓蒙志向に由来していた。[80]

もちろん、『ベースボール・マガジン』も実際には「商品」であることを免れず、ベースボール・マガジン社としても一定の部数が「売れなければ」刊行を維持できなかったはずである。当時、池田自身も「野球雑誌も、あらゆる雑誌と同じように着実な、真面目なものが売れて行く時代になつたようです。頭で読む健全な雑誌を作りたいと思つて努力していますす」と述べている。[81] 読者の側もまた「ともかく私たちファンはその月に読んであとは用なしといった読物中心のカストリ的な本はもう好まない。長い間出しては読み直すようなそういった記事を望んでいるし、そういった永続性のある本が欲しい」と語っている。[82]

いずれにせよ、同誌の規範としては、少なくともこの時期まで「多くを売らんがために読者の御機嫌をとろう」とするあり方を明確に拒絶し、読者の側もむしろそうした啓蒙志向が醸し出す「教養」を支持していたのである。

注

（1）「読者と編集者」（『ベースボール・マガジン』一九五一年四月号）五一頁。

（2）「読者と編集者」（『ベースボール・マガジン』一九五一年六月号）七二頁。

（3）内村が初めて登場した一九四七年七月号から一九五二年一二月号までの『ベースボール・マガジ

ン』計六九号（増刊号含む）のうちに、内村祐之は延べ六二回登場している。

（4）池田恒雄「内村祐之先生の思い出」（ベースボール・マガジン社編『回想の内村投手』ベースボール・マガジン社、一九八二年）二四〇頁。

（5）本章では、内村の言説の社会的な位置づけや、それを取り巻くような野球雑誌という言説空間の編成を問うために、単に内村自身が綴った野球論評のみならず、論者としての内村について語った外在的な言説（『ベースボール・マガジン』の編集後記や他誌での内村に関する評価・言及記事）も扱う。こうした言説の扱い方は、ピエール・ブルデューが言及した言説分析の視座（ブルデュー『ホモ・アカデミクス』藤原書店、一九九七年）、およびそれを敷衍化させた竹内洋の「思想外在的方法」（『メディアと知識人』中央公論新社、二〇一二年）に示唆を得たものである。竹内は、言説についてそれを「生産する者たちによって占められた位置が分布する空間における、「差異的な態度決定」として考察すべき」としたブルデューの観点を用いながら、言説分析のアプローチとして、思想史研究にて従来行われてきた「内在的読解」に閉じるのではなく、「当の思想家やその作品の客観的関係」までをも考慮する「思想外在的方法」を提示した（三二一―三三三頁）。

本章が外在的な言説群を資料として採用する狙いも、単に内村祐之個人の野球評論家としての活動を検証するに留まらず、ひとりの知識人が野球雑誌上に浮上する社会的な要因を当時の時代状況を鑑みながら解明することにある。当時の編集者や読者が熱烈に支持したことを踏まえると、内村の言説には占領期という時代状況に規定されたスポーツ観も透けてみえよう。

だが従前の歴史学・社会学の領域において戦後の野球雑誌が俎上にあがることはほとんどなかった。スポーツ史として戦後の野球事情に触れているものでは、日本野球の通史を描いた坂上康博『にっぽん野球の系譜学』（青弓社、二〇〇一年）が挙げられる。坂上は、従来「前近代的」・「封建的」なものとして語られてきた日本の野球道的価値観について、その形成過程を歴史的な資料を丹念に紐解くことで捉え直した。具体的には、飛田穂洲ら当時の学生野球界の論者たちが、野球に否定的なまなざしが向けられた戦前・戦時期、その対抗策として精神修養を基調とする「武士的野球」論を積極的に選び取っていったプロセスを明らかにしている。「学生野球の父」として知られる飛田の理念が終戦直後においてどのように展開されたのかについては、中村哲也「戦後日本における学生野球の制度とその理念――飛田穂洲と関連して」(『スポーツ史研究』第一八号、二〇〇五年、一七―二八頁)が扱っている。ただし、これまでの野球史研究においては精神修養を基調とする飛田の野球論は際立っていた。実際、本章で述べるように戦後初期の野球雑誌でも飛田の存在に多くの関心が払われる一方で、占領期の野球雑誌のなかで飛田と並んで中心的な論者であった内村祐之の存在は見逃されてきた。戦前期より飛田が唱えてきたような精神修養的な野球論が占領期の社会にいかに適合していったのかを検討するためには、「アメリカ」との関係のなかで野球のあり方を説いた内村の言説をみる必要がある。

同時に、本章と直結する研究としては、占領期のGHQによる野球を通した対日スポーツ政策を扱った谷川建司「占領期の対日スポーツ政策――ベースボールとコカ・コーラを巡って」(『Intelligence』第三号、二〇〇三年、三〇―四一頁)がある。本書でも取り上げる一九四九年のサンフランシスコ・シールスの来日イベントを、GHQによる民主化政策の思惑を指摘しながら、コカ・コーラなどのアメリカ文化と触れる機会であったと論じている。他方で戦後の野球とメディアの展開を扱った研究としては、甲子園の復活を論じた有山輝雄「戦後甲子園野球大会の「復活」」(津金澤聰廣編『戦後日本のメディア・イベント――一九四五―一九六〇年』世界思想社、二〇〇二年、二三―四五頁)や女子プロ野球とスポーツ新聞の誕生を扱った土屋礼子「創刊期のスポーツ紙と野球イベント」(同上、四七―七〇頁)など、メディア・イベント研究としての一定の蓄積がある。本章では、こうした占領期の野球を取り巻く社会状況を踏まえつつ、終戦後の日本社会で陸続と創刊されながらも、これまであまり検討されてこなかった野球雑誌とそこでの野球言説の展開を取り上げたい。

とはいえ、戦後初期の野球雑誌を扱った研究も僅かながら存在し、池井優「日本における野球雑誌の消長（二）――創刊号刊行の背景と運命」（『ベースボーロジー』第六号、二〇〇五年、一七九―一八七頁）や石井仁志「データが語る占領④スポーツ雑誌の世界」（山本武利編『占領期雑誌資料大系――大衆文化編Ⅳ』岩波書店、二〇〇九年、一―七頁）の研究がある。しかしながら、そこでも雑誌自体を網羅的に紹介することに主眼が置かれ、必ずしも当時の雑誌上での言説に込められた社会的な意味まで考察しているものではない。

そのため、本章冒頭で提示したような占領期の野球雑誌に登場したアメリカ野球を語る知識人や、それを掲げた雑誌のあり方は見逃されてきたといえよう。今日ではスポーツ雑誌において「東大教授」が仰々しくスポーツを論じることなどほとんど想像できないが、当時はなぜ学歴エリートが積極的に雑誌上に登場しえたのだろうか。本書では、内村の言説や彼が雑誌に浮上するプロセスを通じて、占領期のスポーツ評論に含意された社会的な価値規範について明らかにしたい。

こうした課題を検討するにあたって注目したいのは、内村の野球言説に見られる修養主義とアメリカ像の関係性である。修養主義とは、歴史社会学や教育社会学で検討されてきたように、克己や勤勉などによる人格の完成を目指す精神・身体主義的な態度である（竹内洋『教養主義の没落――変わりゆくエリート学生文化』中公新書、二〇〇三年や筒井清忠『日本型「教養」の運命――歴史社会学的考察』岩波現代文庫、二〇〇九年）。修養主義は、折しも精神主義的な旧制一高野球部が一世を風靡した明治期末期から大正期にかけて社会に共有されていった。上記で挙げた坂上の研究においても、よく知られる「野球道」としての学生野球における精神鍛錬的価値は、野球害毒論や戦時下の弾圧などの時代的な制約のなか、精神修養と野球の結びつきの下で歴史的に発見されたことが指摘されてきた（坂上、前掲注5）。実質的にはアメリカの直接的な庇護の下にあった占領期において、「ベースボール」と「野球道」の間で揺れ動く当時の野球言説の時代特殊的な意味は、それ以前の時代から野球の社会的な価値と結びついてきた修養主義との文脈で検討する必要がある。とりわけ本章で取り上げる内村は、野球はあくまで「余技」に過ぎないと繰り返し述べ、「野球道」としての価値に埋没するのではなく「人格形成」や「社会教育」としてのあり方を強く説いた。そうした点を踏まえれば、内村の野球言説は単に「野球道」として野球特有の価値規範に収斂するわけではなく、社会的に共有されていた「修養主義」の文脈も後背としていた点についても分析がなされるべきであろう。

ただし、本章で扱うのはあくまで雑誌上に提示された野球イメージとそれを積極的に提示しようとした雑誌のあり方であり、当時の社会において各地で行われていた野球の実態（しばしば想起されるような焼け跡のなかで三角ベースを興じる少年たちの姿）までを解明するものではない。だが一方で、雑誌というメディアを扱うことによって、野球を「する」選手のみならず、野球を「みる」一般のファンをも含んだ、その意味で社会的に共有されえた占領期の野球イメージの一面を浮き彫りにすることもできよう。

（6）杉立宣夫「セットをねらう野球誌」（『日本読書新聞』一九四七年五月七日号）。

（7）占領軍による民主化政策としてのスポーツ振興については、有山、前掲注5および関春南『戦後日本のスポーツ政策——その構造と展開』（大修館書店、一九九七年）を参照。

（8）坂上、前掲注5。

（9）同試合について『ラジオ年鑑昭和二三年版』では「早慶戦」と表記されているが、実際には「全早慶戦」と呼ばれていた。終戦直後、戦没した選手や復員しない選手が多数おり、現役学生だけではチームが編成できなかったため、OBも参加することで初めて成立した試合だった（坂上、前掲

注5)。

(10) 日本放送協会編『ラジオ年鑑昭和二三年版』(日本放送出版協会、一九四八年)七〇―七一頁。

(11)『ベースボール・マガジン』は終戦後、いち早く創刊された雑誌だが、戦前から存在し、戦時休刊していた『野球界』(博文館)が一九四五年一二月に復刊している。

(12)「編集後記」(『ベースボール・マガジン』一九四六年六月号)三四頁。

(13) 日本出版協同株式会社編『出版年鑑 昭和二二・二三年版』(日本出版協同、一九四八年)三一頁。

(14) 中村、前掲注5。

(15) 飛田穂洲「進め!野球の大道へ!」(『ベースボール・マガジン』一九四六年五月号)四―五頁。

(16) 池田恒雄「刊行者のことば」(『飛田穂洲選集第六巻――随筆と追想』飛田穂洲選集刊行会、ベースボール・マガジン社、一九六〇年)頁数無し。

(17) 飛田自身の論稿が巻頭を飾ったのは、一九四六年五月創刊号「進め!野球の大道へ!」、同年八月号「再建学生野球論」、同年九月号「信念に生きた野球人」、同年一〇月号「若人の奮闘を顧みて」、一九四七年二月号での外岡茂十郎との対談「新しき学生野球について」、一九四七年六月号「学生野球をつらぬくもの」である。さらに一九四六年一一月号より一九四八年一月号までの計一四回に及ぶ「野球講座」の連載を担当している。

(18) 飛田穂洲「再建学生野球論」(『ベースボール・マガジン』一九四六年八月号)六頁。

(19) 神田順治「雑誌展望」(『日本読書新聞』一九五〇年五月一七日)。

(20)「野球雑誌」(『日本読書新聞』一九四九年五月一一日)。

(21)「編集後記」(『ベースボール・マガジン』一九四六年七月号)三四頁。

(22) 日本出版協同編、前掲注13、「第二部昭和二三年版」四〇頁。

(23) 池田恒雄「私のメモから――マガジンと共に一〇年間」(『ベースボール・マガジン』一九五六年

四月号）三〇二頁。
(24)「編集室から」（『ベースボール・マガジン』一九四七年一〇月号）三六頁。
(25) 当時の読者も「最近のスポーツ誌上は紙不足も手伝ひましてか、戦前のそれに比べますと、創刊以来目覚しい発展は若い青少年選手の指導に、この上なきよき伴侶となつて居ります」（「愛読者クラブ」『ベースボール・マガジン』一九四七年二月号、二九頁）と述べている。
(26) 鈴木惣太郎が日米野球の交流に果たした役割については、波多野勝『日米野球の架け橋——鈴木惣太郎の人生と正力松太郎』（芙蓉書房、二〇一三年）に詳しい。
(27) 鈴木惣太郎「野球デモクラシイの問題」（『ベースボール・マガジン』一九四六年五月号）一五頁。
(28) 三宅大輔「野球を科学せよ」（『ベースボール・マガジン』一九四七年五月号）九頁、および三宅大輔「これからの野球」（『ベースボール・マガジン』一九四六年七月号）四頁。他にも「後楽園の職業群も、勿論汎アメリカニズムの脚光を浴びて一層華々しく再出発を開始するに違ひない。巷を堕して轟々たる食糧難の叫びも、見るに堪へない交通難の苦難も、野球を思へばわれわれにはさう大して胸に響かない。（中略）決して時勢に便乗するわけではないが、野球だけは誰が何と言つたところで久方のアメリカ人が創めた競技である。今後のわが国に、これが盛んにならぬという道理は断じてない」（春日俊吉「春来りなばわれ野球を思ふ」『ベースボール・マガジン』一九四六年五月号、一一頁）という記述などもみられる。このように終戦直後における「食糧難」や「交通難」が叫ばれるなかで、人々は「アメリカ人が創めた」野球に期待を寄せていた。
(29) 三宅大輔「野球と人と」（『ベースボール・マガジン』一九四七年六月号）一七頁。
(30)「正しき野球へ」（『ベースボール・マガジン』一九四六年一〇月号）三頁。
(31) 池田、前掲注16。
(32) 関春南『戦後日本のスポーツ政策——その構造と展開』（大修館書店、一九九七年）八八―八九頁。

(33)「マ元帥早慶戦に祝辞」(『ベースボール・マガジン』一九四九年八月号)四八頁。

(34) 前掲注30。

(35) 内村祐之『鑑三・野球・精神医学』(日本経済新聞社、一九七三年)一一七―一一八頁。

(36) 久保田高行「球界人物スケッチ」(『ベースボール・マガジン』一九四八年二月号)三二頁。

(37)「編集後記」(『ベースボール・マガジン』一九四八年二月号)四〇頁。

(38)『ベースボール・マガジン』(一九四九年七月号)三八頁。

(39)「編集後記」(『ベースボール・マガジン』一九四六年六月号)三四頁。

(40) 前掲注6。

(41) 辰野隆は「新春野球放談会」(一九四七年三月号)と「新春野球座談会」(一九四八年二月号)に、中野好夫は「日本野球戦合評座談会」(一九四九年九月号)に、それぞれ登場している。

(42)「編集後記」(『ベースボール・マガジン』一九四七年三月号)五〇頁。

(43) 前掲注38、三八頁。

(44) 占領期の日本社会におけるサンフランシスコ・シールズ来訪のインパクトについては、谷川、前掲注5や波多野、前掲注26などに詳しい。

(45)「編集後記」(『ベースボール・マガジン』一九四九年一二月号)八〇頁。

(46)「雑誌時評」(『週刊図書新聞』一九四九年七月二三日)。

(47)「読者と編集者」(『ベースボール・マガジン』一九五一年五月号)五四頁。

(48)「読者と編集者」(『ベースボール・マガジン』一九五一年六月号)七二頁。

(49)『ベースボール・マガジン』(一九四九年八月号)四四頁。

(50) 内村祐之「よもやま球談第一一回――父鑑三と野球」(『ベースボール・マガジン』一九五一年一

〇月号）三九頁。
(51) 同上。
(52) 内村祐之「プロ野球に寄す」（『ベースボール・マガジン』一九五〇年一月号）二〇―二一頁。
(53) 吉見俊哉『親米と反米――戦後日本の政治的無意識』（岩波新書、二〇〇七年）。
(54) 内村はしばしば次のような例を挙げながら、野球の社会教育としての価値を説いていた。「以上の事実の一番よい例として、気の毒だが、ベーブ・ルースを引き合いに出させてもらおう。後年に至り、あれだけ多くの少年のあこがれの的となったルースであるが、彼がもし野球をやらなかったとしたら、彼もただ社会の困り者として終ったことであろう。盲、聾、唖の三重苦のヘレン・ケラー女史をあれだけの者にしたことを、教育の最大勝利だといって、アメリカの教育者は誇るが、しかし、少年時代にあれほど手を焼かせたルースを、あれまでに作りあげたアメリカ野球の功績は、それにおとらぬものとたゝえてもよいのではなかろうか」（内村、前掲注50、三九―四〇頁）。
(55) 内村、前掲注35、一〇―一一頁。
(56) 同上、二六―三一頁。
(57) 同上、三三―四一頁。
(58) 同上、四三頁。
(59) 同上、六〇頁。
(60) 内村祐之「よもやま球談」（『ベースボール・マガジン』一九五四年一一月号）九三頁。
(61) 前掲注35、一二一頁。
(62) 同上、一二一―一二二頁。
(63) アマチュアリズムの社会的な変遷については、内海和雄『アマチュアリズム論――差別なきスポーツ理念の探求へ』（創文企画、二〇〇七年）、内海和雄『プロ・スポーツ論――スポーツ文化の開拓者』（創文企画、二〇〇四年）などに詳しい。
(64)「内村氏は球団の総意」（『読売新聞』一九五〇年二月七日朝刊）。
(65) 内村はその後、一九六二年よりコミッショナーに就任している。しかし、球団オーナーと対立し、一九六五年に辞している。内村自身は、その後「オーナーたちに、プロ野球がになっている社会教育的な意味を知ってもらうこと（中略）に協力してもらうことを求めたが、それらはおおむね、むなしい努力に終わった。企業優先のオーナーにとっては、それらはただ煩わしい声にすぎなかったようだ」と述べている（内村、前掲注35、一二三頁）。
(66)「コミッショナー受諾は考慮中　内村博士談」（『読売新聞』一九五〇年二月九日朝刊）。
(67)「人――内村祐之氏」（『日本医事新報』第一三五二号、一九五〇年三月二五日号）四八頁。
(68) 江國滋「伯楽登場⑩池田恒雄――〝野球浪漫派〟四〇年の本懐」（『噂』一九七二年六月号）一三〇頁。
(69) 内村、前掲注35、九頁。
(70) 池田恒雄「編集後記」（『ベースボール・マガジン』一九四七年一二月号）三六頁。
(71) 池田恒雄「編集後記」（『ベースボール・マガジン』一九四九年春季野球読物号）七二頁。
(72)『ジュニア・ベースボール』（一九五〇年一月号）五〇頁。
(73)『ジュニア・ベースボール』（一九四八年二月号）二七頁。
(74) 孝寿芳春「『野球少年』復刻に寄せて」（『ぼくたちの「野球少年」』国書刊行会、一九八五年）九頁。
(75) 寺山修二「野球の時代は終わった」（『文藝春秋』一九六六年三月号文藝春秋社編『「文藝春秋」にみるスポーツ昭和史第二巻』所収、文藝春秋社、一九八八年）三八四頁。
(76) 大江健三郎「球のわかれ」（『オール讀物』一九五八年一〇月増刊号、文藝春秋社編『「文藝春秋」

にみるスポーツ昭和史第一巻』所収、文藝春秋社、一九八八年、四三九－四四三頁)。なお寺山や大江のこれら論稿については、終戦直後の野球の状況を明らかにした坂上、前掲注5でも言及されている。

(77) 「読者と編集者」(『ベースボール・マガジン』一九五二年一月号)一〇七頁。

(78) 「読者の声」(『ベースボール・マガジン』一九五一年三月号)一三三頁。

(79) 「読者の声」(『ベースボール・マガジン』一九五三年四月号)一六九頁。

(80) 同上。

(81) 池田恒雄「編集後記」(『ベースボール・マガジン』一九五〇年六月増刊号)一三二頁。

(82) 「読者と編集者」(『ベースボール・マガジン』一九五一年四月号)五一頁。

第三章　啓蒙志向の後景化——高度成長期における週刊誌化

終戦直後から占領期にかけて『ベースボール・マガジン』は、読者を指導する啓蒙志向を掲げ、内村祐之ら学識者が誌面を飾るなかで、「インテリ気分」に浸る雑誌として読者からも支持を得ていった。だがその後、こうした『ベースボール・マガジン』の啓蒙志向としての性格は必ずしも持続したわけではなかった。占領終結後の一九五三年、『ベースボール・マガジン』の誌面上には、雑誌の方向性をめぐって読者から次のような投書が寄せられている。

貴誌は、最高野球技の理論的指導書から大衆向に、内容的に変りつつある様に思います。読者層の多方面に亘るところから、双方を兼ねたものを含める事は大切でむつかし

いとは思いますが、マガジンの特長を失わないようにお願いします。(1)

野球雑誌が「大衆向」になることを危惧するこの投書からもうかがえるように、『ベースボール・マガジン』にとって、一九五三年は「理論的指導書から大衆向」への転換期であった。本章では、『ベースボール・マガジン』が「見る雑誌」への移行を宣言した一九五三年から、『週刊ベースボール』の創刊へと至る過程を、高度成長期におけるメディア環境および野球界の社会的な変化から跡づける。

1.「見る雑誌」への転換と平凡文化との近接

ニューメディアのインパクト

占領終結後、『ベースボール・マガジン』はそれまでの論説中心の誌面スタイルを一転させた。一九五三年二月号の編集後記において「眼でみる雑誌に移行する」(2)と宣言し、従来的な啓蒙志向を改め、「読む雑誌」から「見る雑誌」への転換を図ったのである。それは啓蒙志向の書籍的な雑誌から娯楽志向の視覚的な雑誌への方針変更であった。具体的には、一九五〇年代初期からオフセット印刷を導入するなど、同誌の編集部は、グラビア頁の充実を強調していった（図3‐1）。「現代人の志向は次第に〝読むこと〟よりも〝見て味わうこと〟に走りつつある。わが社は夙にここに着眼(3)」するとした同誌の方針に、ある読者からは歓迎の声が寄せられている。

貴誌の過半頁を占めるグラビア印刷の特徴を活かした、写真物語は毎月楽しく読んでいます。テレヴィ時代が現出しようとする此の頃、写真によつて鋭く捕えた選手の日常は、私達の知りたいと思うことを、つぶさに知ることが出来ます。この企画はぜひ続けて下さい。（中略）私達プロ野球など見たくても見ることも出来ない地方ファンにとつて、興味ぶかいものとなるでしょう(4)。

図3-1　「写真で見る日本野球史」（『ベースボール・マガジン』1954年12月増刊号）

「プロ野球を見たくても見ることも出来ない」地方ファンにとって、雑誌上のグラビア頁は視覚的な情報源となっていた。それとともに、「読む雑誌」から「見る雑誌」化への転換にあたって編集者や読者が意識していたのは、視覚的なニューメディアである「テレビ時代」の到来であった。

放送と活字の中間メディア

『ベースボール・マガジン』が「見る雑誌」への転換を掲げた一九五三年二月は、折しもNHKがテレビ本放送を開始した時期でもあった。視覚的なニューメディアに影響を受けた「見る雑誌」化は、『ベースボール・マガジン』だけに限った話ではなく、当時の出版界の潮流でもあった。『出版年鑑』においても「印刷技術の向上と共に、視覚的編集技術の応用が年々増加して来ている。読むというよりも見る雑誌への傾向が強くなって来ていることだ」[5]と、「見る雑誌」の前景化が伝えられている。当時、鶴見俊輔は出版界の「見る雑誌」の出現を取り上げ、以下のように論じている。

見る雑誌を作ることは、例えば昭和のはじめには、あるいはもっと前、大衆小説勃興期の大正はじめには、雑誌王野間清治の資力、智力をもってしても、計画することのできないことであった。見る雑誌を作るためには、グラビア印刷、色彩写真の発達を前提とする。それだけでなく、映画、ラジオ、レコード業の国民的な普及を前提とする。平凡や明星は、レコードや映画やラジオや新聞漫画などのマス・コミュニケーションの諸通路をじゅうおうにぬってゆく一種の連絡機関、いわば問道なのである。こういう雑誌の進出は、少しずつ日本の伝統を底の方から変えつつある。(6)

「見る雑誌」とは、視覚的な放送メディアと文字による活字メディアとの「連絡機関」に位置するものであった。そんな「見る雑誌」の代表的な存在は、ここでも言及されているように戦後の「百万部雑誌」であった『平凡』である。

江藤文夫は放送と活字の中間メディアとしての「見る雑誌」としての観点を敷衍させ、「編集者＝プロと読者＝アマチュア」、「インテリと大衆」の垣根を超えた新たな文化としての「平凡文化」に注目した。とりわけ、スター像の社会的変化について、見る雑誌としての平凡文化は、それまで「ファンの生活から遠く離れた存在」であった「スターをその実生活でとらえて、手の届く存在、ファンの現実的な願望をになう存在に変えていく」として、以下のように論じている。

平凡文化の持つ〝生活の眼〟、より厳密にいえば〝生活者の視点〟ということになる

が、これを、やはりかつての講談社文化と比較して、講談社文化の"公性《おおやけ》"と平凡文化の"私性《わたくし》"、と言うこともできる。(7)

図3-2 「プロ野球結婚行進曲」
(『ベースボール・マガジン』1957年1月号)

『ベースボール・マガジン』の「見る雑誌」化も、こうした平凡文化に連なっていた。それは、野球の取り上げ方における「公性」から「私性」への変化にみることができる。すなわち、「修養」や「民主主義」といった公的な理念から、選手個人の私生活についての関心への転換である（図3-2）。ある読者は、「プレー写真はやめよ」として以下のように述べている。

愛読者として一言申し上げます。写真はプレーのものは駄目。プレーの写真は新聞などにもよく出るし、試合がすんで、日がたってなんの魅力がありましよう。それより選手個々のスナップとか、合宿、家庭のものの方が、新しい感じがする。（中略）とにかくスポーツ雑誌を読むものは、スポーツ新聞も読んでいるのだから、古い試合の写真や記事はごめんです。少し変った編集をお願いします。(8)

ここでは、野球そのものよりも、「選手個々の合宿や家庭」といったプライベート＝私的な場面こそが求められている。この意見に対して、編集部は「新聞の写真は、用紙その他の関係でどうしても美しいとは申しかねます。そこを補うのが雑誌のグラフではないでしょうか(9)」と返答している。つまり、スポーツ新聞との差別化を図るために、雑誌グラビアとしての視覚的な要素が強調されたのである。

スポーツ新聞の台頭

『ベースボール・マガジン』の「見る雑誌」化は、テレビのみを意識したものではない。スポーツ雑誌にとって脅威となったニューメディアは、むしろスポーツ新聞であった。

実はスポーツ新聞もテレビと同様に戦後初期に登場したメディアである。『ベースボール・マガジン』の創刊に先立ち、一九四六年三月に日本初のスポーツ新聞『日刊スポーツ』が創刊された。[10]『日刊スポーツ』を嚆矢として一九五〇年代中期までに、『スポーツニッポン』の創刊（一九四九年）、『報知新聞』のスポーツ紙化（一九四九年）、『サンケイスポーツ』の発刊（一九五五年）などが続いた。当時の『ベースボール・マガジン』内では「月刊誌や週刊紙はへる一方であるが、日刊紙の競争は一層激化する形勢にある」[11]と言及され、また編集長の池田もスポーツ新聞の活況を、次のように綴っている。

しかし日刊スポーツ紙が雑誌の領分をおかしてきているので、編集も最近は、なかなかむずかしくなってきている。この辺で、野球雑誌も新しい境地は開かねばなるまい。[12]

池田自身も「雑誌の領分」を侵すスポーツ新聞の存在に頭を悩ませていた。実はそれ以前より、ベースボール・マガジン社としてもスポーツ新聞への対抗案は模索されていた。

一九四八年に創刊された『ベースボール・ウィークリー』は、「わが国唯一のグラビア・週刊野球新聞」と銘打たれ、当時台頭しつつあった日刊スポーツ紙への対決姿勢が見て取れる媒体であった。「美しいプレーの写真と迅速な報道・グラビア・タブロイド四頁に各部ごとの戦績と予想が速報されて、雑誌のくわだて及ばないニュース性が発揮されています。ベースボール・マガジンと表裏一体をなすものですから、愛読者の皆様は必ず御覧下さい」と『ベースボール・マガジン』上でも宣伝されたが[13]、結局その刊行は一年も続かなかった。『ベースボール・ウィークリー』がなぜ短命に終わったのかについては資料が残っておらず不明な点も多いが、いずれにしても早すぎた週刊スポーツ誌はスポーツ新聞の前にあえなく敗北していた。

これらの試行錯誤を経て、ベースボール・マガジン社はあくまで月刊誌としてスポーツ新聞との差異化を図るべく、『ベースボール・マガジン』における視覚的な要素を強調していったのである。こうしてグラビア性が強調されていく過程で、『ベースボール・マガジン』は、「見る雑誌」として当時の出版界で注目を集めていた、平凡文化との近接性を帯びていった。

2. 啓蒙志向と娯楽志向の軋轢

古参読者からの批判

一九五〇年代当時の『ベースボール・マガジン』のあり方は、単に平凡文化のみで説明できるわけではない。むしろ興味深いのは、「見る雑誌」化に対して読者からは賛同のみならず、批判の声も数多く寄せられていた点にある。

そこで争点となったのは、野球というスポーツをめぐる啓蒙志向と娯楽志向である。先に紹介した「プレー写真はやめよ」という投書に対し、翌月号では反対意見が寄せられた。

> 先月号にプレー写真をやめよという声があったが、私は反対である。スターの姿ならなんでもよい映画誌のようになったら価値がなくなる。野球誌によって、名手のプレーが紹介されることによって教えられることは数多い。在来の行き方で結構である。(14)

野球雑誌に「教えられる」ことを望む読者にとって「スターの姿ならなんでもよい映画誌」、いわば『ベースボール・マガジン』の『平凡』化は「価値がなくなる」ものだった。『ベースボール・マガジン』が「見る雑誌」への転換を図って以降、啓蒙志向時代からの

「愛読者」は、繰り返しその方針転換を批判した。「もつとじつくり読み取ろうとする記事がなくなつていますし、写真ばかりこう多くては買つて来て一時間も要せずして、一通りも二通りも目通しすることが出来る」[15]、「メクッても、メクッても顔、顔、顔…。ウンザリしました。（中略）マガジンは頁数の割に読みでがない。写真が多すぎるためです。（中略）見る雑誌から読む雑誌に転換していただきたい」[16]、「われわれの望んでいるのは、選手の髭面ではない」[17]など、選手個人の写真にスポットが当たる「見る雑誌」としての同誌のあり方に対し、啓蒙志向を求めるかねてからの読者たちは「読み応えのなさ」を訴え続けた。

その際、古参読者が「見る雑誌」の対照として要求したのが、「高雅な内村博士式の読物」[18]であった。

私はかつてのマガジンが、内村祐之先生の日米強打者比較論を中心に、実戦における火の出るような打撃フォームで、一杯になつていたことを想い出します。この点正直にいつて、今のマガジンは物足りません。単に選手の顔ばかり見せるマンネリズムを脱してもらいたい。全国の真面目な野球愛好家のために…。[19]

プロ野球選手の顔写真が誌面の中心を飾るなかで、その対比として、かつて啓蒙志向時代の主要論客であった内村祐之と彼の説くアメリカ野球論を、「真面目な野球愛好家」としてのアイデンティティを持つ読者は想起していた。

「見る雑誌」化が進むなかで、アメリカ野球論と同様にしばしばその扱いの少なさが指摘されたのは、学生野球であった。ある読者は、学生野球とそれを扱う雑誌メディアの役割について、次のように論じている。

現在の野球雑誌が職業野球にのみ重点を置いているのに常々不満を抱いている者です。日本野球の真実の向上発展を考える場合専門雑誌並に新聞の記事による指導鞭撻が如何に重大であるかを痛感する（中略）職業野球選手のはなやかな記事も結構ですが、じみな環境にありながらしばしとして努力、自己の技の完成しつつある若き無名選手を紹介される事も専門誌の重大な任務と考えられます。[20]

この読者が「指導鞭撻」としての野球雑誌の役割を求めたことは、かつての同誌が掲げていた啓蒙志向への支持を示すものであった。裏を返せば、こうした声があがるほど、同誌の啓蒙的な性格は薄らいでいた。一九五〇年代当時、職業野球（プロ野球）への関心が高まり、誌面上では学生野球論やアメリカ野球論が霞むなかで、啓蒙志向もそれに伴い後景化していく様子がこれらの投書からは見て取れる。

プロ野球時代の到来

一九五〇年代における『ベースボール・マガジン』の啓蒙志向の没落の背後には、同時代の日本社会における野球そのものの位置づけも変容していた状況が見受けられる。誌面上で、雑誌の方向性をめぐり議論が起きていた当時、折しも学生野球とプロ野球の間でも、その理念をめぐって軋轢が生じていた。その象徴が「佐伯通達」事件である。一九五五年、全国高校野球連盟副会長の佐伯達夫が、プロ球団による高校球児への勧誘に対し、学校関係者に出した通達が物議を呼んだ。同誌一九五五年一一月号でも「爆弾声明 佐伯通達その後の反響」と題した特集内で、その内容が紹介されている。

私どもがやつている高校野球は決してプロ選手を養成するのが目的ではありません。野球を通じて将来日本のために役立つ立派な人間をつくる以外には何ものもないのであります。プロ球団の口車に乗せられて軽挙妄動することは厳に慎しむべきではないかと思います。（中略）前後の見境いもなく、目先の誘惑にまどわされて、プロ選手となるような者が続出するようでは私どもが骨身を惜しまず高校野球のために努力している意義

は全くないのであります。(21)

プロ野球批判にも読めるこの通達に対し、プロ野球界も黙っておらず、当時のプロ野球実行委員会議長が声明を出す事態に至ったわけだが、この「佐伯通達」には学生野球関係者が抱くプロ野球への危惧がみられる。学生野球界にとっては、「野球を通じての人格形成」という学生野球そのものの理念を揺らがせるほど、プロ野球の存在は脅威となっていた。

学生野球からプロ野球へと人々の関心が移っていく当時の様子は、一九五六年に中野好夫が綴った「野球は愉し」という論稿によく示されている。

近年は、野球を見るといえば、もっぱらプロ野球ばかり見るようになって、学生野球の方はほとんど見ていない。だが、それだからといって、そんなに古いプロ野球ファンかというと、決してそうでない。もともとはやはり学生野球、とりわけ六大学リーグ戦の方のファンで、職業としての野球には、まさか飛田穂洲老ほどの偏見ではないにしても、決して積極的な興味は感じていなかった。(中略)

戦後は、ほぼ学生、プロ、半々くらいに見ていたが、学生野球でいえば、蔭山時代ころ(戦後初期に早大で活躍し、一九五〇年にプロ入りした蔭山和夫―引用者)を最後にしてほとんど見なくなってしまった。別に深い理由があるわけではない。学生野球といっても、特にこれといってヒイキチームのない私には、純粋に野球の面白さだけを見るとすればやはりプロ野球に如くはなしということになる。プロ野球も戦後のように整備され、とりわけ若い高校生の逸材がどんどんプロ野球に投じるようになると、野球技の水準としては、やはり全体としてハッキリ、アマ野球を抜いてしまったように思える。(22)

戦後において野球への関心が学生野球からプロ野球へ移っていったことが、ここでは明確に表明されている。重要な点は、学生野球からプロ野球への関心の変化が、野球の論じ方をも変えた点にある。同記事の最後に、中野は次のように述べている。

このところ妙なことで、野球の文章を書かされる破目に陥ったが、こんなことは今後あまりしたくない。スコアもつけず、呑気に見て呑気に忘れる。それが楽しいのだ。なまじ野球のことなど書くと試験勉強のような苦労しなければならぬ。がそれはつまらない。批評を書くことを考えて、小説を読むのと同じだ。願わくは無心に、なにも考えないで好試合を見ていたいものである。(23)

前章で紹介した飛田のように学生野球を通して「精神修養」を説くでもなく、内村のようにアメリカ野球を通して「近代社会」を論じるのでもなく、「呑気に見て呑気に忘れる」プロ野球の楽しみへと野球の論じ方も変化していった。こうして当時の社会のなかで「プロ野球の人気は、学生野球の人気を大きく引きはなすまでになった[24]」なかで、『ベースボール・マガジン』でも学生野球が誌面の中心から退き、プロ野球の比重が重くなる過程で、『ベースボール・マガジン』の啓蒙志向も後景化していったのである。

『ベースボール・マガジン』の啓蒙的性格も後景化していく状況は、誌面上でもつぶさに見て取れる。「野球理論を研究する」という読者からの「俳優の写真のような単なる顔やスタイルを撮った写真が多い、これは野球雑誌の写真としては邪道ではないでしょうか。そんな写真は、なにも参考になりません[25]」との声に対し、編集部では次のように応答している。

> はじめて雑誌を手にする方もあるでしょうし、試合の結果は日刊新聞や、ラジオ、テレビで素早く諸兄に伝えられるし、興味の対象は、野球選手にあると思います。単にバットを持って立っていたり、投手が頭上に振りかぶっていたのでは、全く魅力がありません[26]。

当然、読者からも「選手を裏からのぞいた家庭スナップ等のほうが、ずっと魅力があります。もっとどしどし家庭記事や写真を載せて下さい」[27]という声は寄せられていたが、ここで注目したいのは、読者のみならず編集者の側も、試合結果への関心ではなく選手への私的な関心を表明するようになった点にある。またグラフの多さに「娯楽雑誌と混同するおそれ」があるのではないかという読者の意見に対しても、編集部は当時の『ベースボール・マガジン』の読者層が「一八才―二五才までの学生、会社員（男女ふくむ）が全体の五〇％、一八才未満が二〇％、二五才以上三五才までが一〇％」で構成されているなかで、「口絵写真は、女性ファン、中小学生の少年ファンにアピールしている」と説明している。[28]

こうして「指導鞭撻」としての啓蒙的な野球雑誌のあり方は、若い読者が多くを占めるなかで「魅力がない」という認識が共有されていった。

3．読み易い週刊誌と国民的娯楽

「肩のこる固い読みもの」より「読者本位の読み易いもの」

啓蒙志向の否定は、一九五八年の『週刊ベースボール』（ベースボール・マガジン社）の創刊によって、決定的なものとなった（図3-3）。創刊時、読者からは次のような声が寄せられた。

週刊新潮が、あれだけ読者層を掴んだのは、やはり、読み易く、肩のこる固い読物がないからであると思う。ファンを啓蒙する高い理想は結構だが、週刊誌の場合は、あくまで読者本位の読み易いもの、どの頁からでも入って行ける編集がのぞましい。(29)

図3-3 『週刊ベースボール』創刊号
(1958年4月16日号)

『週刊ベースボール』創刊号の投書欄には、週刊誌時代における雑誌のあり方として、初期の『ベースボール・マガジン』からの転換が明確に主張されている。ここに至って創刊当初の「肩のこる固い読物」を並べた啓蒙志向ははっきりと否定され、週刊誌としてあくまで「読み易い」娯楽的な誌面作りが支持されるようになった。

週刊化自体は、以前より企図されたものであった。『ベースボール・マガジン』は一九五六年より月刊の本誌のみならず、毎月「増刊速報号」を刊行するようになる。その意図を池田は以下のように説明している。

時代のテンポはテレビなどの影響で、どんどん進んでいるし、それにつれてスポーツ記事のくさり方も早くなってきている。（中略）今年になってから、雑誌社からも週刊誌が出るようになった。それだけ雑誌も時代のテンポにあわせて行かなければ、ならないようになったわけだ。（中略）ゆくゆくは週刊誌になる運命を、雑誌は持っていると思うのだが、それには相当の時間がかかるとみなければならない。一つの便法として、今の体裁（増刊号の刊行——引用者）をとってみた。更に掘り下げた読物は、スポーツ新書として刊行したい[30]

「スポーツ記事の生命はスピードにある」として『ベースボール・マガジン』でも週刊誌化が目指されるようになった。読者もまた「ニュースを伝えるためにも、ぜひ週刊ベースボール・マガジンとして発刊していただきたい」、「野球雑誌も週刊にするのがあたりまえだと思います」と週刊誌化を希望した[31]。重要な点は、池田が「掘り下げた読物」は書籍などを通して行っていくことを宣言した点にある。速報性への特化は、従来の『ベースボール・マガジン』が基調とした「繰り返し読む」書籍機能を雑誌から切り離すことを意味していた。こうして啓蒙志向とともに書籍的な雑誌のあり方は棄却され、刊行のスピードを重視した週刊誌のあり方が首肯されるようになったのである。

一九五八年の『週刊ベースボール』創刊号の表紙を飾ったのは、奇しくもこの年に読売巨人軍に入団した長嶋茂雄であった。以降、長嶋が「国民的スター」となり、プロ野球も「国民的娯楽」となるなかで、野球雑誌としてもより面白くより速い情報が求められる週刊誌が中心となっていった。[32] こうした傾向のなかで、抽象的な価値を説くような啓蒙的な雑誌のあり方は捨象されたのであった。

週刊化に伴う啓蒙志向の後退

『ベースボール・マガジン』は、「野球復興」が叫ばれ、同系専門誌が乱立する終戦直後の時代状況の下で、啓蒙志向の雑誌として誕生した。同誌が創刊時より掲げた啓蒙志向は、同系他誌との差異化戦略であったとともに、編集長・池田恒雄の戦時の記憶と、用紙統制下に置かれた終戦直後の出版体制などの下で選び取られたものであった。

そこでの啓蒙志向とは、すなわち、野球を通して社会を語り読むべきとする規範であった。「精神修養」を説く学生野球論であれ、「民主主義」や「近代社会」を説くアメリカ野球論であれ、野球というスポーツを題材にしながら公的な理念を語り読む態度が誌面上では共有されていたのだ。

啓蒙志向を掲げた野球雑誌に、読者はしばしば「教養」的な価値を見出すこともあった。内村祐之をはじめとした学識者による野球評論は、スポーツを語りながらも社会や文化を論じる面で、「指導鞭撻」を求める読者にとっては「教養」としての輪郭を帯びるものであった。

もちろん、それは難解な人文学書の読書に「教養」を見出す大学文化としての教養主義とは位相を異にするが、人文学書よりはハードルが低いスポーツ評論に人々が「教養」を見出そうとするところには、大衆的レベルでの教養への憧れを見ることもできよう。折しも当時は大衆的な教養主義文化の隆盛期でもあった。一九四七年に発売された西田幾多郎全集がベストセラーとなり、長崎励朗が指摘するように一九四九年に発足した勤労者音楽協議会、通称「労音」ではクラシック音楽が「教養」として受容された時代であった[33]。そんななかで「学識者」の論稿を繰り返し読むことが期待される同誌の書籍的な性格も「教養」としての芳香を一層際立たせた。その意味で、創刊初期の『ベースボール・マガジン』で啓蒙志向が支持された背景には、スポーツ文化が教養主義との接点を持ちえた時代状況も垣間みえる。

ただし、同誌の啓蒙志向は、スポーツ新聞やテレビが登場する一九五〇年代に入ると揺らぎ始めた。メディア環境の変化によって出版界にもたらされたのは、「見る雑誌」化の潮流であった。『ベースボール・マガジン』でも、そうした傾向に沿うように視覚的な要素が強調されていった。

だが、本章で見て取れたのは、そのような「見る雑誌」化に異を唱える読者の存在であった。『平凡』の映画俳優のように、野球選手の顔が並んだ誌面のあり方に違和感を表明したのは、「指導鞭撻」を求める啓蒙志向を内面化した古参読者たちであった。啓蒙志向の残滓が残る『ベースボール・マガジン』には、「平凡文化」だけではみえない一九五〇年代における雑誌文化のあり様が指摘できよう。

その後、同誌は週刊誌化していく過程で娯楽志向が顕著になる。野球への社会的な関心が学生野球やアメリカ野球よりもプロ野球中心となり、野球雑誌にも「指導鞭撻」ではなく「スターの姿」が求められるようになった。こうして旧来的な啓蒙志向が突き崩されていくなかで、野球雑誌における社会を語り読む規範も薄れていったのであった。

啓蒙志向の後景化は「繰り返し読まれる書籍的な月刊誌」から「その日限りで読み捨てられるフローな週刊誌」へのメディアの形式的な変化とも重なる。野球を通して「精神修養」や「民主主義」のような抽象的な理念を指導する啓蒙志向は、書籍的な月刊誌としての形式に支えられていた。だが、読み捨てられる週刊誌の形式では、読者に何度も読むことを強いる啓蒙志向はもはや訴求力を持たず、あくまで読み易い雑誌として娯楽性が求められるようになった。

こうした野球雑誌をめぐる価値観の変化は、一九五〇年代における社会的なスポーツ・イメージの変容を暗示するものでもあった。戦後初期のプロ野球の進展と、スポーツ新聞やテレビの普及といったメディア環境の変化が重なりながら、野球というスポーツには「啓蒙」や「教養」を見出す志向は薄れ、娯楽性が際立つようになった。書籍的な月刊誌から読み捨てられる週刊誌へと転じた『ベースボール・マガジン』のメディアとしての特性の変容もそれを後押しした。

大衆的な娯楽雑誌

一九六〇年代における『週刊ベースボール』の社会的な受容に関しては、一九六七年『図書新聞』に掲載された秋山清「野球を見るための目を」という雑誌評が手掛かりとなる。秋山は『週刊ベースボール』五〇〇年号記念号を取り上げ「十分私を喜ばせてくれる内容は持っていなかった」として、以下のように評している。

「大きな事件の裏話」の取上げ方は、週刊誌だからといえばそれまでだが、某々夕刊スポーツ紙並み、とかく道徳的批判の古風な倫理観に立脚したもので、しかも川上、水原、鶴岡、蔭山という人気監督らの身辺雑誌みたいなものであり、スポーツとしての野球そのものとかかわるものではない。ミーハー族のための芸能週刊誌と狙いは全く一つである。[34]

秋山は『週刊ベースボール』の誌面が「ミーハー族のための芸能週刊誌」と同じであることを批判する。そのうえで野球雑誌のあり方について、「人気役者の恋のたてひきばかりを扱う幼年向き雑誌」ではなく、「今日の野球を見るため過去から集積された目を読者に与えようとする」ような「業界誌に徹せよ」と秋山は論じるのであった。[35]

もちろん一方で、池田の回想や社史においてベースボール・マガジン社の野球雑誌が創刊時より今日まで一貫して「ゴシップ的記事を排し、スポーツそのものの記事を」、「その人の前で言えないようなことは書かない」とする「フェアプレー」の理念が強調されている。[36]ただ『週刊ベースボール』の実際の内容が秋山のいうように「ミーハー族のための芸能週刊誌」と同一の水準であったかどうかは別として、少なくともここで重要な点は、一九六〇年代の『週刊ベースボール』には啓蒙志向ではなく、大衆的な娯楽雑誌として読まれる余地が存在していたことである。

一九五〇年代以降、「見る雑誌」化、さらに週刊誌化を経て確実に発行部数を伸ばしていくベースボール・マガジン社の野球雑誌であったが、そこには一方で当初掲げていた啓蒙志向の規範が成立し得なくなっていく状況が見られた。

注

(1) 「読者と編集者」(『ベースボール・マガジン』一九五三年一月新春特別号)一五五頁。
(2) 「編集後記」(『ベースボール・マガジン』一九五三年二月号)一七〇頁。
(3) 『ベースボール・マガジン』(一九五四年一二月号)一三五頁。
(4) 「読者と編集者」(『ベースボール・マガジン』一九五三年二月号)一五一頁。
(5) 出版ニュース社編『出版年鑑　一九五五年版』(出版ニュース社、一九五五年)一六四〇頁。
(6) 鶴見俊輔『大衆芸術』(河出新書、一九五四年)一二〇頁。
(7) 江藤文夫『見る雑誌する雑誌』(平凡出版、一九六六年)二六頁。
(8) 「読者と編集者」(『ベースボール・マガジン』一九五六年一月号)二六七頁。
(9) 同上。
(10) 日刊スポーツ三〇年史編集委員会編『日刊スポーツ三〇年史――一九四六―一九七六』(日刊スポーツ新聞社、一九七八年)。
(11) 大井廣介「プロ野球時評好球悪球」(『ベースボール・マガジン』一九五五年二月号)一〇三頁。
(12) 池田恒雄「私のメモから――マガジンと共に一〇年間」(『ベースボール・マガジン』一九五六年四月号)三〇二頁。

(13)『ベースボール・マガジン』(一九四八年五月号)一九頁。
(14)「読者と編集者」(『ベースボール・マガジン』一九五六年二月号)二六七頁。
(15)「読者と編集者」(『ベースボール・マガジン』一九五三年五月号)一六一頁。
(16)「読者と編集者」(『ベースボール・マガジン』一九五三年一〇月号)一五八頁。
(17)「読者と編集者」(『ベースボール・マガジン』一九五四年七月号)一二二頁。
(18)「読者と編集者」(『ベースボール・マガジン』一九五三年二月号)一五一頁。
(19)「読者と編集者」(『ベースボール・マガジン』一九五三年九月号)一五八頁。
(20)「読者と編集者」(『ベースボール・マガジン』一九五三年一月新春特別号)一五五頁。
(21)佐伯達夫(「通達全文」『ベースボール・マガジン』一九五五年一一月号)二〇八頁。
(22)中野好夫「野球は愉し」(『ベースボール・マガジン』一九五六年鎖夏野球読本(八月一五日増刊号))四四―四五頁。
(23)同上、四五頁。
(24)『ベースボール・マガジン』(一九五六年三月号)一三五頁。
(25)「読者と編集者」(『ベースボール・マガジン』一九五六年七月号)二八三頁。
(26)同上。
(27)「読者と編集者」(『ベースボール・マガジン』一九五六年九月号)二八三頁。
(28)「読者と編集者」(『ベースボール・マガジン』一九五七年一月号)二八三頁。
(29)「読者サロン」(『週刊ベースボール』一九五八年四月一六日号)六四―六五頁。
(30)池田恒雄「私のメモから――前進のために」(『ベースボール・マガジン』一九五六年九月号)二八六頁。
(31)「読者と編集者」(『ベースボール・マガジン』一九五六年一〇月号)二八三頁。

(32)『週刊ベースボール』創刊後も月刊誌としての『ベースボール・マガジン』の刊行は続いた（一九六五年に一度休刊した後、復刊と休刊を繰り返す）が、巻号自体は週刊誌に引き継がれるなど主軸はあくまで週刊誌の方に置かれた。
(33) 長﨑励朗『「つながり」の戦後文化誌――労音、そして宝塚、万博』（河出書房、二〇一三年）。
(34) 秋山清「野球をみるための目を――週刊ベースボール五〇〇号記念号を読む」（『図書新聞』一九六七年一〇月七日号）。
(35) 同上。
(36) ベースボール・マガジン社編『志――ベースボール・マガジン社創立七〇周年』（ベースボール・マガジン社、二〇一六年）一五頁（非売品）。

第Ⅱ部　総合出版への派生

第四章　スポーツ出版王国への拡大――一九五〇年代における啓蒙志向の模索

これまで見てきたようにベースボール・マガジン社の野球雑誌刊行は、一九五〇年代から一九六〇年代にかけて、『週刊ベースボール』を発刊するなど軌道に乗っていった。その一方で同社および姉妹会社の恒文社は、同時期に野球雑誌だけでなく他のスポーツ雑誌を続々と創刊し、出版事業の拡大を図ったのである。創刊数は、一九五〇年代から一九六〇年代の間だけで実に三〇誌以上を数えた（巻末資料参照）。

特筆すべきは、その出版路線がスポーツ雑誌に留まらず、論壇誌やソ連の情報誌など多岐に渡った点にある。そこでの関心は、野球からスポーツ全般へ、さらには政治・社会・文化へと派生していった。では、ベースボール・マガジン社の膨大な雑誌刊行はどのように展開され、何がそれを後押ししていったのか。本章以降では、これら各雑誌の動向を追う。その際、これまでの野球雑誌の変容を踏まえながら、啓蒙志向は各雑誌のなかでいかに提示されようとしていたのか（あるいはいなかったのか）、併せて欧米イメージはそれぞれのスポーツ誌においてどのように投影されていたのかに着目したい。

本書で取り上げるような当時創刊された雑誌は、現在のベースボール・マガジン社ＨＰ上の「同社のあゆみ」で言及されていないものも少なくない。(1) 多くが休刊に追い込まれ、今では忘れられた雑誌であるが、それゆえに今日とは異質な雑誌像、とりわけ雑誌が取り結ぶスポーツと社会の関係も見えてこよう。

1．野球からの飛翔

価値転換への違和

ベースボール・マガジン社の雑誌刊行における野球以外の他種目への進展は、同社の主幹である池田恒雄が『野球界』でも携わっていた相撲からであった。『相撲』の創刊は一九五二年であるが、そのきっかけは、一九四九年九月に「ベースボール・マガジン別冊」として発刊された『秋場所相撲号』である。同号の「編集後記」にて池田は次のように述べる。

私達は戦前、戦時中を通じて相撲を見つづけてきた。さかんなりし日の相撲を思うにつけても今日の相撲界には限りなき哀愁を感ぜざるを得ない。ミリタリズムにむすびついた相撲については、しばらく置くとしても、相撲本来の姿から云えば平和的な五穀豊穣を祈念するものであることは、誰しも知つているところだ。終戦後に相撲は伝統の姿にかえりつつあつて、ようやく落着きをとりもどそうとしている。相撲復興の兆が随所に見られるようになつてきた。このとき、この際、相撲をこよなく愛する私達は、この相撲興隆を拍車づける意味でこの小誌を相撲愛好者諸兄に贈るものである。[2]

池田が相撲に「戦前、戦時中からの哀愁」を綴っているように、戦後の相撲雑誌も戦前・戦時の『野球界』のあり方を多分に引きずっていた。同号の目次には、池田の『野球界』編集長時代に相撲記事を多数寄稿していた増島信吉や、『野球界』編集部に所属していた小島貞二の名が並び、観戦優待券の付録化なども『野球界』を踏襲している。

ただし、相撲界にとって終戦後の混乱期は「苦難の年月であった」[3]。池田自身も、当時の相撲の状況について以下のように回想している。

空襲で焼けた両国国技館は進駐軍に接収され「メモリアル・ホール」となる。焦土と化した東京で、そのカタカナ名になった場所を借りて、大相撲はともあれ復活したが、食糧不足に稽古不足が重なって気勢は上がらない。さらに「メモリアル・ホール」も追われ、地方巡業、東京では神宮外苑での野外興行。空席が目立ったし、雨が降り続いて順延また順延という味気ない日々を過ごしたこともあった。大相撲、苦難の日々だ。(4)

野球とは対照的に、戦時期に時局と結びついた相撲は戦後、一転して「苦難」を強いられることとなった。『相撲百年の歴史』(講談社、一九七〇年)でも、終戦直後の「スポーツの人気は、戦時下に圧迫されていた野球に集中して、相撲に関心を持つ若者は少なかった」と綴られている。(5)占領期の社会においては、「戦時下に圧迫された」ゆえに野球には「近代的なアメリカ＝民主主義」が重ねられた一方で、反対に戦時期に奨励された相撲は、「旧来的な日本＝軍国主義」を想起させるものとして風当たりが強かった様子が見て取れる。

その間、ベースボール・マガジン社は毎場所ごとに「ベースボール・マガジン増刊号」として相撲特集誌を刊行していく。戦前の『野球界』時代からの常連執筆者で、池田にとっては同じ早稲田大学出身でもあった元力士・笠置山ら相撲協会の要請を受けて、ベースボール・マガジン社は相撲号を刊行した。しかし、上記のように相撲自体が「苦難」を強いられた占領期においては、池田いわく「『相撲号』の赤字は続いたが(中略)大相撲の興隆のため

にも、歯を食いしばって耐えねばならぬ」状況であった。(6)

その後、奇しくも占領が終結した一九五二年より大日本相撲協会の機関誌も兼ねた『相撲』として正式に創刊へと向かっていくわけだが、こうした相撲雑誌刊行の背後には、池田が抱く戦中から戦後への社会的な価値転換への葛藤がうかがえる。

二章で先述したように、池田は野球雑誌においても一方で「アメリカ＝民主主義」の象徴として称揚された野球の社会的な浮上に掉さしながら、他方で「戦争に負けたとたんに、なんでもかんでも、付け焼刃的なデモクラシーを唱え出し、古いもののすべてを悪しざまにしようとする風潮」に違和感を抱き、旧来からの修養主義的野球道を説く飛田の論稿を掲げた。同様に、池田は、戦時期に隆盛を誇った相撲が戦後一転して「封建的な遺物であるとか、滅び行くものゝ姿であるとか、時代おくれの代表であるかの如く悪い意味に於てのみ取扱われている」状況に抗して、相撲誌の刊行に踏み切ったと述べている。(7) 戦後に創刊された『相撲』において、戦時期の『野球界』時代の形式が踏襲された背景には、相撲が「国技」から「封建的な遺物」へと一転した戦後社会への違和感が存在した。

「学ぶべきアメリカ」

戦時期の『野球界』からの連続性が見られる『相撲』に対して、ほぼ同時期の一九五一年に創刊された『陸上競技マガジン』では、一方で「学ぶべきアメリカ」像が強調された。創刊号は、「世界最強のアメリカ陸上競技チームを各種目にわたり高速度写真によりとらえ解説を附した技術的指導書[8]」と喧伝され、続く第二号でも日本人初の金メダルを獲得し「日本陸上界の父」とされ、当時日本陸上競技連盟のヘッドコーチであった織田幹雄「アメリカ選手から学ぶ」など、「アメリカ」を念頭に置いた誌面構成が採られた。

『陸上競技マガジン』において「アメリカ」が強調された背景には、一九五一年当時日本で開催された「日米親善競技会」の影響が大きい。前年の一九五〇年に日本陸上競技連盟がそれまで除名されていた国際陸上競技連盟へ復帰し、また一九四九年における織田幹雄ら陸上競技会の指導的イデオローグの「欧米見学により新しい知識が注入された[9]」。こうしたなかで開催された「日米親善競技会」は、占領下においてアメリカの庇護の下で陸上界の「戦後の復活[10]」を象徴するイベントであったとともに、「物理学から航空力学、生理学からも、その他あらゆる方面から構成されたアメリカ理論」を学ぶ場として意識されていた。[11]『陸上競技マガジン』創刊号の巻頭において、織田は以下のように説いている。

今回の日米競技は、戦争中のブランクから、世界の水準に、遙かに劣っていた日本が、最近ようやく水準近くに立ち直って来たのを、さらに飛躍発展させるために計画しものである。それはアメリカの技術を学び、世界の傾向を知ると同時に、アメリカの強さによって世界の水準をも知ることが出来る。[12]

「アメリカに学ぶ」姿勢は、「日米競技大会総決算号」と位置付けられた『陸上競技マガジン』第二号の「編集後記」でも「アメリカ選手がわれわれの前に示してくれた、各種競技について、いろいろの角度からこれを解剖、写真と併せて細かい解説を致しました。競技者に

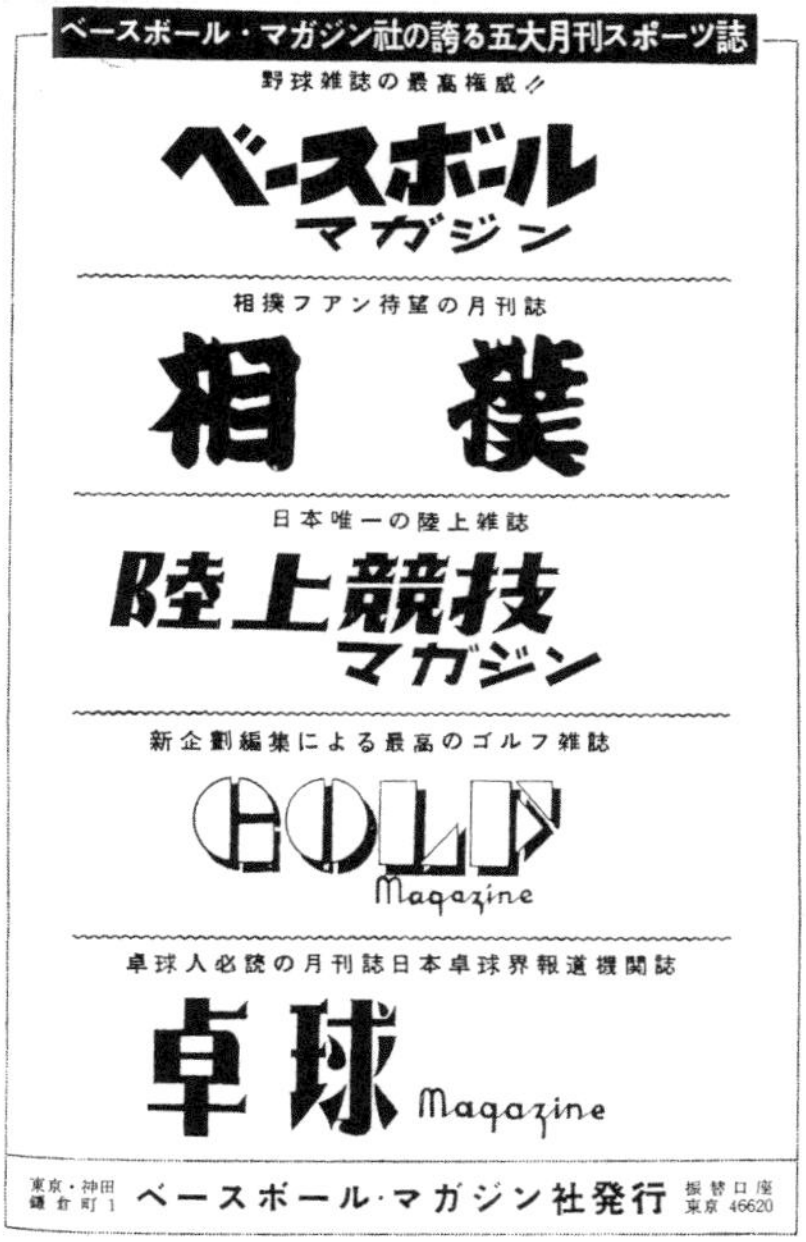

図4-1　1950年代前半における刊行雑誌のラインナップ
（『ベースボール・マガジン』1954年11月増刊号）

とって非常に参考になるものと自負しております」と強調された[13]。

ベースボール・マガジン社の社史によると、そもそも『陸上競技マガジン』の創刊に至ったきっかけは、当時東京学芸大学助教で日本陸上競技連盟の幹部だった中林久二が池田に働きかけたことによる[14]。池田の母校・新潟県の旧制小千谷中学での後輩にあたる中林は、「アメリカの一流選手を呼ぶチャンス」のなかで、「彼らの技術などを余すところなくとらえた分解写真、解説を記録として残し、あとにつづく若い選手たちにも示していく必要がある」として池田に雑誌刊行を依頼した[15]。刊行された『陸上競技マガジン』は、「それまでその種の〝教科書〟がなかった日本全国の陸上競技選手と指導者たちの圧倒的好評を得た」と社史では綴られている[16]。

『陸上競技マガジン』における「学ぶべきアメリカ」像は、二章で論じた占領期における『ベースボール・マガジン』の特徴と重なるものであった。『ベースボール・マガジン』にて内村祐之がアメリカ野球に関する書籍を翻訳していたように、『陸上競技マガジン』でも、日本陸上競技連盟普及部の編集・解説のもとでアメリカのコーチが綴った『新しい陸上競技』をベースボール・マガジン社の発行として書籍化している。

その一言半句が心理学的、力学的、栄養学的にさらにスポーツ科学に基いた理路整然たる体系から発せられていることを知った時の喜びは例えようがありませんでした。これは米国でも戦後完成した新しい理念と技術大系だったのです。これは一部の人々の知識として温存しておくには余りにも貴重な資料でありました。われわれはこれを一冊にまとめて公開し、米国の進み方について広く知って頂くことにしました。(17)

ただし「学ぶべきアメリカ」像の強調は、第二号までに限られ、その後の特集は「最近の欧州陸上競技の展望」(第三号)、「駅伝特集」「冬季練習」(第四号)、「東京マラソン特集グラフ」(第五号)などアメリカとは無縁の企画が並ぶようになる。こうした変化の背景には、編集主体の変化が関係している。第三号より「編集企画顧問」として上述の中林久二ら陸連理事関係者が編集に携わるようになったことが明記されると、第四号では表紙に「陸連・高体連推薦」と付記された。さらに第五号からは「日本陸上競技連盟機関誌」となり、「編集後記」では「来月からは陸上競技連盟に企画編集のバトンをわたしこの面を一切担当していただくことになり、今後は月刊誌として一段と内容も充実し御期待にそう次第であります」と編集権を陸上競技連盟に譲ることが示された。(18)

注目すべきは日本陸上競技連盟の「機関誌」となったことで、読者層の「限定」が示唆されている点にある。「オリンピックを控えて本誌の使命も重大な折、皆様の陸上競技誌として共に育成して行きたいと存じます。その意味において愛読者諸氏と直結して限定した発行部数にとゞめ確実に手許にお届けできるように致したく」というように、「競技人」である愛読者に限定した、閉じた雑誌を目指そうとしている様子が見て取れる。[19]つまり、部数の売上げや陸上競技の大衆化よりも、「競技者への指導書」としての性格を打ちだしていったのである。こうした大衆化や商業化と距離を取る向きは、すでに当時、プロ・スポーツとして人気を博し、競技者だけでなく観戦者の存在も読者層に含まれていた野球雑誌や相撲雑誌とは異なるものであった。

アメリカ的な男性らしさ・女性らしさ

『陸上競技マガジン』が機関誌として大衆化から距離を取った一方で、一九五五年に創刊された『プロレス』はまさに当時の花形スポーツを取り扱った雑誌であった。力道山を中心とするプロレスは、当時新たなメディアとして登場した街頭テレビとの相乗効果によって、[20]「国内中に大ブーム」を巻き起こしていた。[21]そんななかでベースボール・マガジン社も一九五五年『プロレス』を創刊するが、池田の回想によると、自ら刊行していた雑誌の運営がうまく行かなかった力道山が、池田に雑誌運営を依頼したことがきっかけだったという。[22]そのような経緯もあって、表紙は力道山が飾り、特集も「力道山東南アジア武者修行」が組まれるなど、「プロレス＝力道山ブーム」を反映した誌面構成がなされた。

ここで注目したいのは、ベースボール・マガジン社がプロレスに関連して、類似するスポーツを紹介していった点にある。具体的には、一九五七年より前年の一九五六年に創刊されたばかりの『ボクシング・マガジン』と合併し、『プロレス&ボクシング』となり、また「プロレス増刊」として刊行された『ボディ・ビル』が一九五五年末より月刊誌化された（図4-2）。力道山が表紙を飾った『ボディ・ビル』創刊号には、「ボディ・ビル運動の展開」と題された、以下のような創刊の辞が掲載された。

これは、日本民族の肉体改造の立場から真剣に考ごうべきことであろう。決して時流に投じた気まぐれのものでなく、民族意識の盛り上りが貧弱きわまりない日本人の肉体を改造しようと一致した運動の展開と見たい。本誌は、ボディ・ビル運動の盛んなアメリカの実際を逐次紹介し、日本におけるボディ・ビル運動の発展に片棒を担ぎたいと念じている。[23]

「ボディ・ビル運動の盛んなアメリカの実際を逐次紹介」というように、創刊号の表紙こそ力道山だったが、その後は「アメリカのボディ・ビル雑誌・マッスルパワー、マッスルビ

図4-2　『ボディ・ビル』創刊号
（1955年12月号）

ルダーの日本版」と付記され、欧米人が飾る様になっていく。

　そのなかで重要な点は、ボディビルの雑誌のなかでも啓蒙志向が通底していたことにある。一九五六年一〇月号巻頭では、対談企画として「英米文学の権威として現在、東北大学で教鞭をとる」バートン・マーチンを、ベースボール・マガジン社刊行の「スポーツ新書」シリーズで『ボディ・ビル入門』を担当した窪田登とともに登壇させる。(24)

　また、その一方で一九五六年二月には『女性美』が創刊された（図4-3）。同誌は、「美しくなるための雑誌」を標題に掲げ、「アメリカ最高の女性雑誌〝フィギュア&ビューティー〟の日本版として、全世界にさきがけて日本に誕生した宝石のようなシックな雑誌」としてベースボール・マガジン社では紹介している。広告では、「美の女王ベティ・プロスマー嬢の秘訣――知っておきたい香水の使い方、あなたを輝かす冬のお化粧、優雅な冬の装い」

図4-3　『女性美』広告（『ベースボール・マガジン』1956年11月号）

（第二号）[25]や、「第二のモンロー、ジェーン・マンスフィールド――ヘアスタイルを創り出すエンリコ・カルーソ、丸顔のメーキャップ」、「今春からの美容計画――美しい髪はブラッシュから、サラリーガールの装い、魅力をつくる美容体操」（第三号）[26]という記事が強調されたように、美容やファッションについてアメリカの女優を取り上げながら解説する誌面構成であった[27]。原克はアメリカ社会のなかで科学技術の発展と大量生産・大量消費の拡大が進む二〇世紀前半にかけて、「健康」と「美しさ」が結びつけられた女性の健康美神話が生成されてくる過程を読み解いているが[28]、『女性美』ではまさに「美しく健康な身体」という女性の身体表象が、近代的なアメリカ像と重ねられて日本社会のなかで提示されている様子が見て取れる。

こうして「男性らしさ」と「女性らしさ」の両論

併記のもとで、アメリカナイズされた身体観が啓蒙されていった。ただし、大衆的な人気を集めていた野球誌やプロレス誌とは異なり、こうした身体性を扱った『ボディ・ビル』と『女性美』は共に短命に終わっている。

2. スポーツ出版の「本懐」

週刊誌とミッチー・ブーム

一九五九年には『週刊ベースボール』の「姉妹誌」として、『週刊スポーツ・マガジン』が創刊された。同誌は「スポーツ界のトピックに焦点をあわせた特集や花形スポーツマンの対談、ニュース・フラッシュなどフレッシュな誌面[29]」が強調され、当時、池田は同誌の創刊について「スポーツ時代」と題したコラムのなかで以下のように述べている。

今度私の社で〝週刊スポーツ・マガジン〟という週刊誌を出すことになり、現在創刊号を発売中だが、これで一社から二種類の週刊誌を出すという、わが国の出版界でも、はじめての試みにふみ切ることになった。〝週刊ベースボール〟があくまで野球専門に深く掘りさげるのに対し、こちらはスポーツ全般の動きを、広い視野でとらえようとするものだ。[30]

「一社から二種類の週刊誌を出す」というベースボール・マガジン社の出版は、「週刊誌ブーム」に掉さすものであったといえよう。三章で触れたように、一九五〇年代後期、出版界では「週刊誌ブーム」が到来していた。[31] 一九五四年に『週刊朝日』が発行部数一〇〇万部を突破し、一九五六年には『週刊新潮』が初の出版社系週刊誌として創刊された。以後、他の出版社も続々と週刊誌を創刊し、ベースボール・マガジン社でも一九五八年に『週刊ベースボール』を創刊した。「五〇万部近く」[32]の発行部数を数えた『週刊ベースボール』の成功は、さらに『週刊スポーツ・マガジン』の創刊を促すこととなった。『週刊スポーツ・マガジン』の創刊について、池田は週刊誌ブームに加えて「スポーツ時代」が到来したからであるとも語っていた。

こうした試みができるというのも、現代の日本人の間に、スポーツが深く広くしみわたっていればこそである。戦争中博文館で軍部の弾圧を受けながら野球界の編集をしていた頃のことを思うと、感無量である。現代は皇太子妃の決定さえテニスが取りもつ世の中なのだ。決して生きやすい時代ではなくむしろ暗黒面の多い現代だが、それだけに人々はスポーツの健康さを愛し、スポーツを心の糧にしているのではあるまいか。[33]

当時のミッチー・ブームのなかで注目されたテニスを例にしながら、池田は「スポーツ時代」の到来について述べる。ミッチー・ブームにおいては、石田あゆうが指摘するように皇室の「報道協定」に囚われない、新興メディアとしての出版社系週刊誌こそが主要な役割を担った。そのような出版社系週刊誌で提示される「平民」出身の女性が皇族と「恋愛」、「ご成婚」へと至る物語においては、スポーツが「平民」と「ハイソサイエティー」を結びつけた「テニスコートの出会い」こそが重要なシーンとして人々を惹きつけたのであった。[34]

「読むスポーツ」の時代

池田が週刊誌ブームに重ねて「スポーツ時代」を語ったように、週刊誌ブームのなかでもスポーツ週刊誌は注目を集めていた。『日本読書新聞』（一九五九年五月一一日）では、その一面にて「病理診断 〝読むスポーツ〟」と題し、スポーツ週刊誌の台頭が取り上げられている。「週刊誌ブームとスポーツ・ブームが重り合った」なかで生じた「読むスポーツ」について「どこの国でこれだけの読むスポーツが発展しているだろうか」としてスポーツ週刊誌の活況が伝えられる一方で、記事を担当した国立精神衛生研究所所員の加藤正明は、この「読むスポーツ・ブーム」において「スターが前景化し、スポーツがショウ化、企業化」する状況を見て、以下のように批判した。

新聞、週刊誌、ラジオ、テレビなどマスコミに乗ったスポーツ・ブームは、行うスポーツから見るスポーツへの変化の現れであり、新聞もラジオもスポーツ・ニュース以外は見も聞きもしないという人種もあるようだ。（中略）スポーツが企業化して行うものから見るものへと大衆を動員していくことは、スポーツ本来の性質からいってはたして健全な歩みといえるだろうか。ことにそういう傾向がマスコミの威力によって広汎にひろがるとき、それは明日への健康のためのリクリエーションとしてのスポーツではなくて、思考を停止させる働きをもつものではないだろうか。(35)

こうして加藤は「読むスポーツの根底」には、日本社会における「与えられたものを楽しんでいくという受身的な態度」があると結論付ける。ここでは「行うスポーツ」に「主体性」が見出される一方で、「読むスポーツ」には「マスコミによって与えられたものを楽しむ」「受動的な性格」として否定的な意味が付与されている。その是非は置いておくとして、「行うスポーツ」と「読むスポーツ」の乖離が語られる状況に注目したい。例えば、ミッチー・ブームのなかで脚光を浴びたテニスも当時の社会にあっては「行うスポーツ」とは捉えられていなかったようだ。『週刊スポーツ・マガジン』創刊号の読者欄には、以下のような投書が見られる。

テニスといえば誰しも皇太子と正田美智子さんを連想しお二人を結びつけた高級なスポーツだと考えるのではないでしょうか。そして、あの純白なユニフォームを身にまとい、白球を追う姿には、一種の憧れと夢を持つのが、われわれ平民ではないでしょうか。じっさい、現在の日本の硬式テニスは、ごく限られたわずかのハイ・ソサェテイの人達によってのみ、楽しまれています。(36)

この読者は、そのうえで「普及度の高い」軟式テニスこそ取り上げるべきだと主張する。加藤秀俊の「中間文化論」に代表されるように「一億総中流」が論じられた当時、(37)一方で硬式テニスは皇族に代表されるように「ハイ・ソサェテイ」の人々が「行うスポーツ」であり、「平民」にとっては「憧れ」の目で眺めるしかなかった。高度経済成長期において台頭したスポーツ週刊誌には、階層間のスポーツに対する社会的な意識の差もうかがうことができる。「スポーツ界のトピックに焦点をあわせた特集や花形スポーツマンの対談、ニュース・

フラッシュなどフレッシュな誌面」を主題とした『週刊スポーツ・マガジン』も「憧れ」の目でもって「花形スポーツマン」を眺める媒体であった。

とはいえ、池田自身も時流に乗った週刊誌の刊行だけでは良しとしなかった。

> 私どもも、そのスポーツ文化の向上に、微力ながらいくばくかの貢けんをしたい、華やかな週刊誌のみならず、ことスポーツに関するもので価値のあるものなら、例えそれがそれほど売れるものでなくても単行本というような型でどしどし出していきたいと思う。そして、たとえ少数でも、それを読んで下さったスー《マ》ポ《マ》ツ人に真の糧になるようなものをと思い、二年ほど前から単行本、スポーツ新書の発行にも力を入れてきたわけだ。（中略）こうした一粒の麦が、わが国の野球技の進歩に多少でもあずかるなら、この道にたずさわるものとして、これ以上の本懐はないと思う。[38]

「華やかな週刊誌」だけでなく、「売れるものでなくても価値のある」スポーツ出版を池田は強調する。三章でも触れたように、『週刊ベースボール・マガジン』の読者欄にて「ファンを啓蒙する高い理想は結構だが、週刊誌の場合は、あくまで読者本位の読み易いものが望ましい」と語られた。同様に「花形スポーツマンの対談、ニュース・フラッシュなどフレッシュな誌面」を掲げた『週刊スポーツ・マガジン』も、加藤正明の言葉を借りれば「スターが前景化し、スポーツがショウ化」したものであった。その意味で、読者から啓蒙志向が疎まれる週刊誌という媒体は、池田の「本懐」を満たす場ではなくなっていた。

以降、ベースボール・マガジン社は時流に乗った週刊誌刊行の一方で、週刊誌では果たせなくなった啓蒙的なスポーツ出版のあり方を模索していく。

3. オリンピックへの期待

学術誌、教育専門誌への展開

『週刊ベースボール』の創刊が、ベースボール・マガジン社の社史では同社にとっての「エポック・メイキングな話題」として取りあげられる一方で[39]、同時期の一九五七年に創刊された『体育とスポーツ』は、社史では言及されていない埋もれた雑誌である。

「米英仏独ソ各国の理論と実際を紹介する翻訳誌」として創刊された『体育とスポーツ』は、先述の『陸上競技マガジン』にて常連執筆家であった大島鎌吉の他に東大教授加藤橘夫、同じく東大教授猪飼道夫、ソビエト研究家西郷竹彦を編集委員として掲げ、各国のスポーツ・体育に関する研究論文の翻訳・紹介を企図するなど、学術色の強い雑誌であった。実際、創刊の告知文には「本誌発刊の主旨は、欧米先進国で行われている主張、論調、評論、高度な科学的研究調査、戦後の体育思想や組織、管理、運営、動向などについて、これを多角的にとらえて広く紹介」するとある。(40)そのため創刊号の巻頭論文には、スポーツ社会学の古典『現代社会とスポーツ』で知られるピーター・マッキントッシュの「イギリス・スポーツ界のアマチュアリズムとプロフェッショナリズム」（イギリス『フィジカル・エデュケーション』より）が掲載された。

一般向けの商業誌を刊行してきたベースボール・マガジン社が、なぜ学術色の強い研究誌を創刊するのか。その狙いは、池田による創刊の辞にうかがうことができる。

戦後、体育とスポーツの研究が非常に盛んになり、体育学会、体力医学会などの学界の活動には誠に刮目すべきものが現れてまいりました。一方社会のスポーツに関する関心も急激に高まって、全国至るところ一種のスポーツ・ブームが生れて大きく動いております。（中略）ここに東西をつなぐ一つのかけ橋が必要となっております。弊社が「体育とスポーツ」誌の発刊を決意しましたのは、それによって、各国の動向をそのまま紹介し、よってそのかけ橋の役割を果したいと念願したからであります。(41)

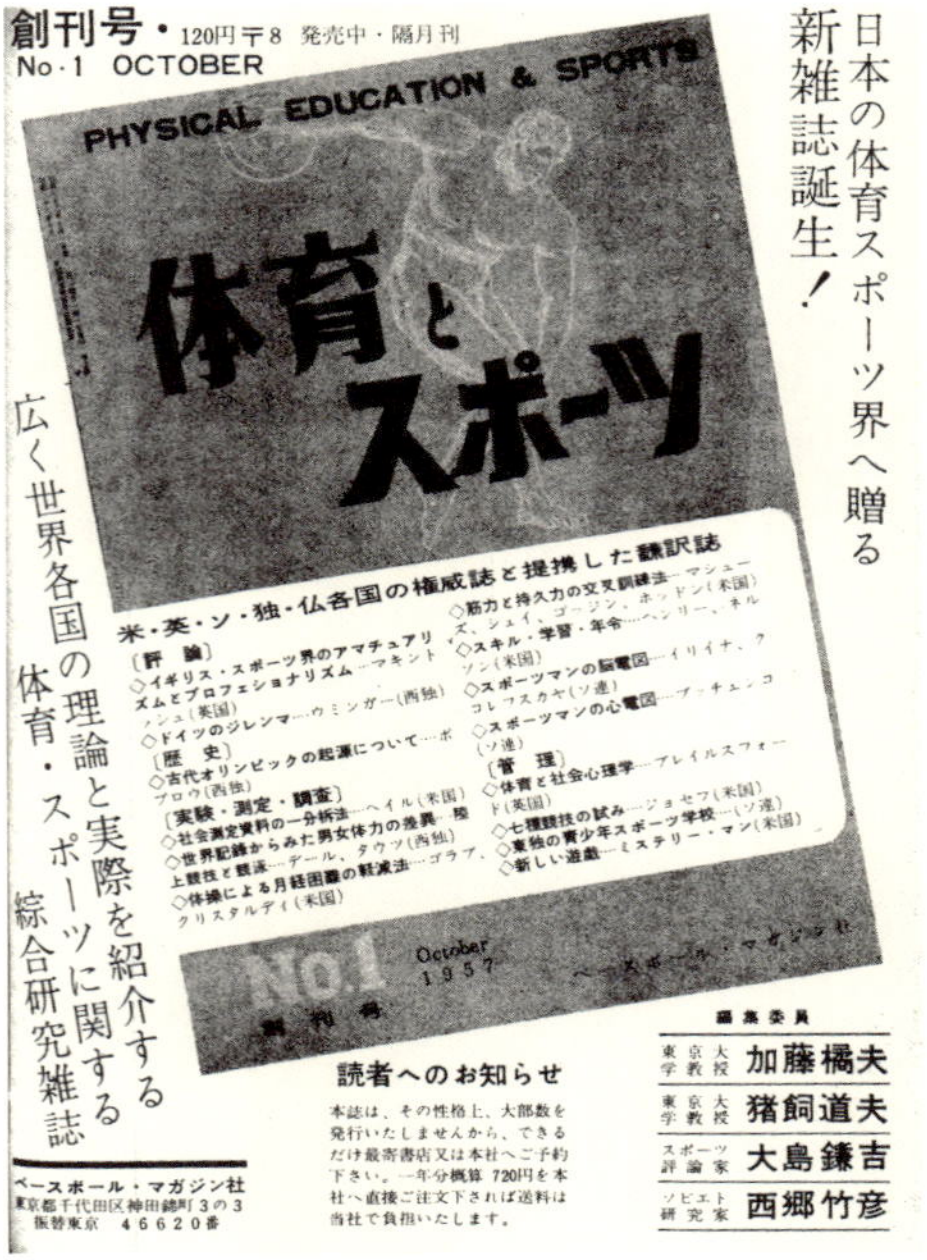

図4-4 『体育とスポーツ』創刊の広告
（『ベースボール・マガジン』1957年10月15日号）

一方で編集委員は商業的には「犠牲出版」「犠牲的な奉仕精神」を強調し、「編集の立場として、また学術雑誌という点からして、別段販売についてそれほど気にしない」(42)として、売上げ＝読者の嗜好に迎合しないスタンスをアピールした。こうした読者に媚びない姿勢の強調は裏を返せば、読者を指導鞭撻する啓蒙志向の現われと見ることもできよう。池田にとって『体育とスポーツ』は、週刊誌ではできなくなった啓蒙志向を発揮できる場であった。

同誌の創刊は「体育学界・スポーツ界に示唆と便宜を提供し、さらに愛好者各位に教養の糧を供するものであります」というように、(43)そこには「欧米の知」を紹介する水先案内人としての役割への池田の自負もうかがえる。さらにいえば、冷戦期において西側だけでなく、

「ソビエト研究家」を編集委員に加えるなど、あえて東側にも関心を寄せていることを示し、六章にて後述する東欧系出版の布石となる雑誌でもあった。

「犠牲出版」を強調した学術色の強い同誌だが、意外にも「相当の売れ行き」(44)を見せた。『体育とスポーツ』の好調を「体育界の要望のあらわれ」と受け取った池田とベースボール・マガジン社は、さらに一九六〇年に小学校での体育指導を行う教員に向けた『小学校の体育』を創刊した。(45)池田は創刊に際して以下のように述べている。

戦後、アメリカの教育使節団の来日以来、次々と教育改革がなされて学校教育も新しい教育へ方向づけられ、教育の一環として欠くことのできないものとして、ますます重要視されてまいりました。(中略)最近二、三年の世界の体育、スポーツ界はソビエト、ドイツ等の国々を初め世界をあげて研究し、その成果は年とともに発展し、全く想像もできないくらいになってまいりました。このようなとき、教育の基礎である小学校の教育課程の体育科においても、最近の研究成果を大いにとり入れ、子どもの未来の幸福のため、全人的教育のため、現場の先生方にお願いして、よき指導をしていただきたいとかねがね思っておりましたところ、この度、現場の先生方のご要望もありましたので、本誌を発刊いたすことになりました。(46)

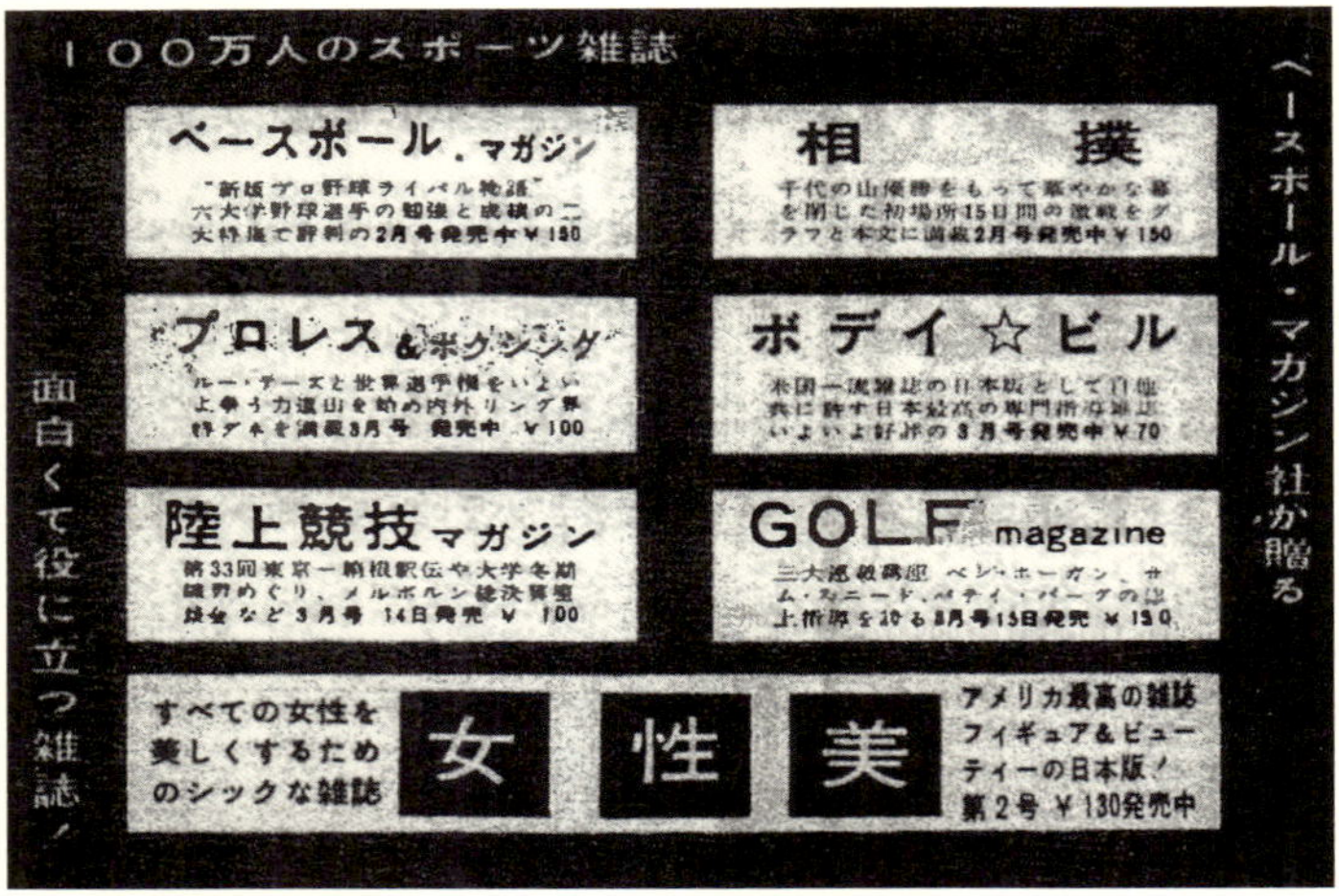

図4-5　1950年代中期における刊行雑誌一覧
（『ベースボール・マガジン』1957年2月増刊号）

「先生方自身の教養にもなるものを数多く用意し」と謳い、誌面では体育の指導方法だけでなく、東京学芸大学助教授石渡義一による「オリンピック競技の理想」などの論説も掲載した。広告欄では同時期に刊行された『飛田穂洲選集（全六巻）』が取り上げられており、興味深いことに飛田の修養主義的野球論が「小学校児童の精神と体育の向上に資すること、きわめて大いなる日本学生野球の父の珠玉の文集」と『小学校の体育』という誌面の性格に即して紹介されている。[47] 池田は、学術系・教育系の専門誌を刊行することで啓蒙志向を存続させようとしたのであった。

スポーツを読む層の開拓

以上のように一九五〇年代、ベースボール・マガジン社は各種専門誌を刊行し、「スポーツを読む」層を開拓していった（図4-5）。出版史として特筆すべきは、こうしたベースボール・マガジン社の展開が、多種の雑誌発行によって読者を掘り起こす博文館的出版モデルを想起させる点にある。池田が目指した「スポーツ出版王国」への野望は、池田がかつて籍を置いていた博文館の出版形式に裏打ちされたものであった。

一般向けには種目に応じて「日本の伝統」あるいは「アメリカへの憧れ」を喚起しつつ、教育関係者向けの媒体では、東側も含めた欧米の知を紹介するとして啓蒙志向を前面に押し出した。こうして各種団体（協会や学校機関や知識人など）や先行する既存誌（アメリカの同系誌との提携）、さらには他のメディアを巻き込みながら、ベースボール・マガジン社は出版事業の拡大を図っていった。

多種多様なスポーツ雑誌が創刊された背景には、その受け皿となる国民のスポーツへの要求の高まりが存在した。当時、スポーツの社会的な文脈を見れば、高度成長期における余暇意識の拡大を背景に、各種運動団体（新日本体育連盟など）の盛り上がりや「スポーツをする権利」などが浮上していた。[48] 例えば広田照幸らは、一九五〇年代から六〇年代の社会のなかで勤労青少年がスポーツに対する強い希求を抱きながら、所得が低く、生活時間に余裕がな

（水曜日）　読売新聞　第29852号

悲願30年うずまく興奮

夜空に高々と五輪旗

万歳、乾杯の体協、都庁

佐藤副知事（中央）を囲んで日の丸を手に万歳をさけぶ都庁職員（都民ホールで）

早くも五輪旗をかかげて喜ぶ体協職員（お茶の水体協で）

声もとだえ――国際電話の安井さん

高速

オリンピック用道路計画図

図4-6　東京オリンピック開催に沸く新聞誌面
（『読売新聞』1959年5月27日朝刊）

かったためにスポーツを十分に楽しめなかった状況を明らかにしている。(49) こうした人々のスポーツへの欲求を満たすメディアのひとつとして、ベースボール・マガジン社のスポーツ雑誌が受容されたと考えられる。

とりわけ、一九五〇年代後半における東京オリンピック招致活動の進展は、ベースボール・マガジン社の出版事業の拡大を後押しするものであったといえよう。東京オリンピックの招致活動は、日本が占領終結を終え、戦後初めてオリンピックへの参加が許された一九五二年より既に表明されていた。[50] 一九六〇年大会の招致は失敗するも、一九六四年大会の開催は一九五七年より招致対策委員会を設置するなど本格化し、[51] 一九五九年五月において正式に決定した。オリンピック開催決定をきっかけに、『体育とスポーツ』も一九六〇年に『OLYMPIA』へと改題するなど、ベースボール・マガジン社は東京オリンピック開催に掉さす雑誌刊行を行っていったのであった。

とはいえ、石坂友司が指摘するように、東京オリンピックの準備段階においては、オリンピックへの国民の反応は低調だった点には留意が必要である。首都圏の都市開発を目論んで招致活動を成功させた東京都政の思惑とは裏腹に、大会が始まるまでは人々にとってオリンピックは「生活から遊離した事件」にすぎず、世論も既成事実に追随する形で「来てしまったものは仕方ない」、あるいはオリンピックどころではないといった「生活に根差した感情」

図4-7 「オリンピック情報」を基調とした『スポーツ・マガジン』（1963年8月10日号）

が噴出していたと石坂は明らかにしている。(52)その意味で、ベースボール・マガジン社のオリンピック関連の出版は、人々のスポーツへの欲求を満たすだけでなく、むしろ率先してオリンピックへの関心や期待を醸成する機能も担っていた。

注

（1）ベースボール・マガジン社HP「当社のあゆみ」http://www.bbm-japan.com/company/ayumi.html 最終閲覧日二〇一六年一二月一六日。また社史（ベースボール・マガジン社編『志――ベースボール・マガジン社創立七〇周年』ベースボール・マガジン社、二〇一六年）において触れられていない雑誌もある。

（2）「編集後記」（『ベースボール・マガジン別冊　秋場所相撲号』一九四九年）四八頁。

（3）日本体育学会編纂『日本スポーツ百年の歩み』（ベースボール・マガジン社、一九六七年）二三四頁。

（4）池田恒雄「ペン持つサムライたちへの鎮魂歌――相撲記者碑建立七五周年最終回」（『相撲』一九九二年一〇月号）一五六頁。

（5）池田雅雄編『相撲百年の歴史』（講談社、一九七〇年）二五一頁。

（6）池田、前掲注4、一五七頁。

（7）池田恒雄「編集後記」（『ベースボール・マガジン別冊　春場所相撲号』一九五〇年）六四頁。池田による同言説は、社史、前掲注1、三八頁においても紹介されている。

（8）『ベースボール・マガジン』（一九五一年九月号）四六頁。

（9）日本体育学会編纂、前掲注3、一九八頁。
（10）同上。
（11）「学びたい技術理論」（『読売新聞』一九五一年六月六日夕刊）。
（12）織田幹雄「日米大会の意義」（『陸上競技マガジン』第一集、一九五一年）二頁。また「編集後記」でも「今回のアメリカ選手の訪日は、久しく目を封じられていたわが陸上競技界にとって、新しい飛躍への大きな原動力となるでありましよう。彼等の素晴しい技術を如何に消化し、如何に活用するかは、われわれのこれからの重大な課題であります」（五一頁）と、「アメリカに学ぶ」姿勢が強調された。
（13）「編集後記」（『陸上競技マガジン』第二集、一九五一年）四三頁。
（14）ベースボール・マガジン社編、前掲注1、四〇頁。
（15）同上、四一―四二頁。
（16）同上、四二頁。
（17）前掲注13、四四頁。
（18）「編集後記」（『陸上競技マガジン』第五集、一九五二年）五〇頁。
（19）同上。第二集を予告する広告においても、第一集は「いたるところ好評絶賛の声に迎えられ、全国から予約注文が殺到」と伝え、「日米選手の活躍を科学的な観点からカメラで捉え、また高速度カメラにより、新しい技術的な面から分解した連続写真を掲載いたします。アメリカ選手の驚異的な走法、跳躍法等にくらべ一切立おくれの感ある日本選手にとつて、この新技術の秘訣分解は、諸兄に興味津々たる示唆を危惧することと信じます」、また「解説者は第一集同様に陸連ヘッドコーチ織田幹雄氏をはじめ西田修平、田島直人諸権威の執筆にかゝわる本誌は、来る栄光のヘルシンキ大会に備えて唯一の指導書として陸上競技界におくる次第であります」としたうえで、「発行部数は限定してあります」と強調している。
(20) プロレスと街頭テレビの共犯関係については、吉見俊哉「テレビを抱きしめる戦後」(吉見俊哉、土屋礼子編『大衆文化とメディア』ミネルヴァ書房、二〇一〇年、一六六―一九六頁)を参照。
(21) ベースボール・マガジン社編『日本プロレス全史』(ベースボール・マガジン社、一九九五年)三四頁。
(22) 池田恒雄「ふるさと人物伝――スポーツと出版一〇」(『新潟日報』一九九五年一月一〇日夕刊)。
(23) 「ボディ・ビル運動の展開」(『ボディ・ビル』一九五五年一二月号)三頁。
(24) 『ボディ・ビル』(一九五六年一〇月号)三五頁。
(25) 『読売新聞』(一九五六年一二月二七日朝刊)。
(26) 『読売新聞』(一九五六年二月二七日朝刊)。
(27) また実際の『女性美』の誌面に掲載された広告欄でも、「男性を魅了する女性美はそれこそ体から溢れる健康の美」として、毎号アメリカから輸入したビタミン剤をベースボール・マガジン社が代理販売する様子が見られる。
(28) 原克『美女と機械――健康と美の大衆文化史』(河出書房新社、二〇一〇年)。
(29) 『ベースボール・マガジン』(一九五九年三月号、広告欄)頁数無し。
(30) 池田恒雄「私のメモから――スポーツ時代」(『ベースボール・マガジン』一九五九年三月号)二六六頁。
(31) 「週刊誌ブーム」については、吉田則昭「雑誌文化と戦後の日本社会」(吉田則昭、岡田章子編『雑誌メディアの文化史――変貌する戦後パラダイム』森話社、二〇一二年、九―三八頁)に詳しい。
(32) 出版ニュース社編『出版年鑑一九六〇年版』(出版ニュース社、一九六〇年)一〇四頁。

(33) 池田、前掲注30、二六六頁。
(34) ミッチー・ブームと週刊誌の関係については、石田あゆう『ミッチー・ブーム』(文春新書、二〇〇六年)を参照。
(35) 加藤正明「病理診断〝読むスポーツ〟」(『日本読書新聞』一九五九年五月一一日)。
(36) 「ファンの窓」(『週刊スポーツ・マガジン』一九五九年二月二八日号)八〇頁。
(37) 加藤秀俊「中間文化論」(『中央公論』一九五七年三月号)二五二―二六一頁。
(38) 池田、前掲注30、二六六頁。
(39) ベースボール・マガジン社編、前掲注1、七一頁。
(40) 『ベースボール・マガジン』(一九五七年九月一五日号、広告欄)頁数無し。
(41) 池田恒雄「発刊のあいさつ」(『体育とスポーツ』一九五七年第一号)六四頁。
(42) 「編集後記」(『体育とスポーツ』一九五七年第二号)六四頁。
(43) 前掲注40。
(44) 前掲注42。
(45) 同時期には『中学校の体育』も創刊されている。
(46) 池田恒雄「発刊のあいさつ」(『小学校の体育』一九六〇年四月号)八〇頁。
(47) 『小学校の体育』(一九六〇年四月号、広告欄)頁数無し。
(48) 権学俊『国民体育大会の研究――ナショナリズムとスポーツイベント』(青木書店、二〇〇六年)や、内海和雄『戦後スポーツ体制の確立』(不昧堂、一九九三年)に詳しい。
(49) 広田照幸ほか「高度成長期の勤労青少年のスポーツ希求はその後どうなったのか――各種調査の再分析を通して」(『スポーツ社会学研究』第一九巻第一号)三―一八頁。
(50) 「都で招致申入れ　第十七回五輪大会」(『朝日新聞』一九五二年五月一〇日朝刊)。東京オリンピックの招致および開催の経緯とその時代背景については、石坂友司「東京オリンピックと高度成長の時代」（『年報日本現代史』第一四号、二〇〇九年、一四三―一八五頁）に詳しい。

（51）「対策委員会つくる　オリンピック東京招致」（『読売新聞』一九五七年八月一三日朝刊）。

（52）石坂、前掲注50、一五五頁。

第五章　マイナースポーツ誌の屈折

――東京オリンピック前後における読者共同体の文化

　一九六四年の東京オリンピック開催をきっかけに、ベースボール・マガジン社は、マス・メディアであまり取り上げられることのない、いわば「マイナースポーツ」を扱う専門誌を次々と創刊していった。当時の『出版年鑑』でも「東京オリンピックは多くの人々にスポーツに対する興味を持たせせた。野球、相撲といった馴染み深いスポーツのほかでも国際舞台で演じられると、日頃関心のなかった種目でも興味を持つようになった」として、(1)マイナースポーツ誌の創刊が伝えられている。

　例えばベースボール・マガジン社は、一九六六年には『水泳競技マガジン』を創刊している。日本水泳連盟の監修により、編集委員には戦後初期に「フジヤマのトビウオ」として人気を集めた古橋廣之進も名を連ねた同誌では、「水泳指導技術の発展と水泳ファンの増加」

が企図された。[2] しかし、読者からは当時、以下のような厳しい指摘が寄せられている。

全体に地味で、学生時代に読まされた体育の参考書のような堅さがあります。この雑誌は専門誌なのですか。それとも直接水泳に関係のない一般の人を読者としてみているのですか。そのへんがあいまいなようです。[3]

選手向けの技術指導とファン層の拡大、すなわち専門化と大衆化の狭間で悩む『水泳競技マガジン』は、結局わずか一年で休刊へと追い込まれた。日本の水泳界そのものが「東京オリンピックでは惨敗を喫し」、「かつて水泳王国を誇っていただけに、その不甲斐なさは多くの人々が嘆げかれている」[4] ような状況下もまた、『水泳競技マガジン』がその命脈を保つことができなかった一因といえよう。

このようにベースボール・マガジン社が一九六〇年代に創刊した専門競技誌のあり方は、そのスポーツ自体の社会的な位置づけに大きく規定された。本章ではそのなかで『サッカーマガジン』を中心的に取り上げながら、マイナースポーツ誌における読者共同体としての雑誌の機能やファンの心性について検討する。

サッカー雑誌を取り上げる理由は、マイナースポーツ誌の媒体としての機能を、スポーツの社会的な位置づけや当時のメディア環境との相関で検討したいゆえである。野球や相撲が高い人気を得た戦後の日本社会では、実はサッカーも長らくマイナースポーツのひとつに過ぎなかった。ただし、他のマイナースポーツとは異なり、サッカーには雑誌だけでなく、テレビのレギュラー番組が少ないながらも存在していた。では、スポーツ受容においてテレビでの放送がありながら、なぜ雑誌メディアが求められたのか。こうした問題を考察するにあたって、サッカー雑誌はテレビとの相関において、メディアとしての機能がより顕著に見て取れる点で格好の分析対象といえよう。(5)

1.「知的なスポーツ」としての強調

オリンピックとサッカー雑誌の誕生

日本で初めてのサッカー専門雑誌、『サッカーマガジン』は一九六六年に創刊された。(6) 当時、日本では「サッカーブーム」としてサッカーへの関心が高まっていた。(7) 一九六四年の東京オリンピックでの全日本代表の活躍を契機としたこのブームは、翌年の日本リーグ開幕を経て、一九六八年のメキシコオリンピックでの全日本代表の銅メダル獲得で最高潮に達した。以前から「日本にも必ずサッカーの時代がやってくる」と確信していたベースボール・マガジン社の社長・池田恒雄は、このブームを機に『サッカーマガジン』の創刊に踏み切る(8)(図5-1)。こうしてサッカーブームに掉さす形で創刊された『サッカーマガジン』だが、誌上においてサッカーはどのようなスポーツとして語られていたのだろうか。

わが国でも、非行少年の激増、凶悪化が社会の大問題となっている。(中略)悪い奴はブチ込んでしまえばことがすむ、と思ったら大間違いで、この青少年達が悪に走る前に策を考えねばならないと同時に、青少年にエネルギー発散の場を与えつつ、これに健康生活指導を与える、実際の場をつくってやるべきだと思う。(中略)東京オリンピック以来、ブームを巻き起こしているサッカー界が、サッカーをとおして、非行少年問題解決に一役買うことができるならば、誠に喜ばしいことと私は考えている。(9)

ここでサッカーの社会教育としての意義を提唱しているのは、当時の日本蹴球協会会長・野津謙である。野津は、東京帝国大学医学部を卒業後、ハーバード大学へ留学し公衆衛生学の学位を取得するなど医学者としての顔も持ち合わせ、戦時中は大政翼賛会国民生活指導副部長、大日本産業報国会厚生部長として「国民体育」の重要性を説いていた。(10) 戦後も蹴球協会会長として、「社会教育」を掲げながら、サッカーの青少年世代への普及を目指していた。

その中で、野津は娯楽ではなく、あくまで人格形成の契機としてのサッカーに価値を置いていた。[11] こうした野津の存在は、二章で紹介した占領期における『ベースボール・マガジン』における内村祐之を想起させよう。学歴エリートでありながら、スポーツ誌において「社会教育」や「人格形成」としてのスポーツの価値を説く野津の姿は内村と重なる。

また蹴球協会副会長・篠島秀雄も「社会の役に立つスポーツ」としてサッカーを語る。

野球は、ポジション・プレーでね。右翼手がセンターに行くようなことは、たまにしかない。サッカーは、それぞれ一応のポジションはあるが、みんなが全体のことを知っていて、全部ができなくてはならない。投手と捕手のプレーが、守備全体の八割を占めているなんてことはない。いまの青年たちに欠けている社会連帯意識を養うのには、サッ

図5-1 『サッカーマガジン』創刊の広告
(『週刊スポーツ'66』1966年5月6日号)

カーがいい。

それに野球は、アメリカなど一部の国のスポーツだが、サッカーは国際的な競技だ。（中略）これから、ますます国際的なつながりが重要になっていく時代に、国民的な資質、教養のレベルをあげるためには、サッカーがいちばん適当なスポーツだ[12]

篠島は、野津同様に「社会教育」としての役割に加え、サッカーが「教養のレベルをあげる」と主張する。と同時に、そのようなサッカーの社会的な意義や役割が、野球との比較の中で語られている点は特筆に値する。篠島は、同時期の一九六九年、サッカーブームの下で企画された『文藝春秋』内での座談会「サッカーか野球か」においても、「大衆的」な野球との対比で「サッカーという競技は本来的に都会的なもので、田舎的なものじゃない、頭脳的だしね」と発言している。[13] 興味深いのは、篠島が蹴球協会副会長というサッカー界を代表する立場にありながら、野球へのコンプレックスを隠さない点である。その点については後述するが、当時のサッカー愛好者の間では、野球に対しての対抗意識が共有されていた。

サッカー・イメージの読み替え

一九六〇年代から七〇年代においてサッカーは、教育的スポーツ、教養的スポーツとして語られていた。だが、「サッカーの母国」とされるイギリスに眼を移すと、全く異なった状況が見えてくる。

日本の「知的なサッカー」像とは対照的に、イギリスでは一九六〇年代当時、サッカー場及びその周辺で暴力行為を振うサポーターとして「フーリガン」の存在が深刻な社会問題となっていた。エリック・ダニングは、その特徴を「下層労働者階級の特殊な層の間で構造的に生産、再生産される「暴力的な男性のスタイル」」であると指摘している。[14] そのうえで、一九五〇年代以降「フットボール・フーリガン現象」が発生した要因として、「労働者階級の「乱暴な」層と「上品な層」、およびそれらの関係の中で起こった構造的変化」、とくに「一〇代のレジャー市場の繁栄」と「若者の労働市場の実質的な崩壊」を挙げている。[15] 当時のイギリスでは、福祉国家政策から取り残された労働者階級の「乱暴な」若者による「暴力的な男性のスタイル」の発露としてサッカーは認識されていた。

こうしたイギリスでの「フーリガン」と結びついたサッカー・イメージとは異なり、当時の日本では「社会に役立つスポーツ」、「教養のレベルを上げるスポーツ」としてサッカーが紹介されていたのである。

2．啓蒙メディアとしてのサッカー雑誌

サッカー論壇——学歴エリートによる言説空間

「粗暴なスポーツ」から「知的なスポーツ」への読み替えが成立した背景には、当時のサッカー雑誌における論者の構成が関わっている。

サッカー雑誌の目次を見てみると、興味深いことに日本蹴球協会の関係者が多いことに気付く。一九六〇年代の『サッカーマガジン』における登場回数で上位を占めた岡野俊一郎、轡田三男、長沼健は、いずれも当時、蹴球協会に所属していた（表5-1）。

特に『サッカーマガジン』創刊の契機となった『スポーツマガジン』一九六六年三月号「サッカー特集号」には協会関係者が多数登場している。具体的には、先述した会長の野津謙をはじめ、協会理事長の竹腰重丸、協会常務理事の轡田三男、小野晃爾、新田純興、技術委員の長沼健、岡野俊一郎、工藤孝一、関西蹴球協会技術委員長の岩谷俊夫と、実に九人もの協会関係者が名を連ねている。

彼らの経歴に着目してみると、野津、竹腰、新田、岡野が東大（帝大）出身で、轡田、小野、岩谷、工藤が早稲田出身で、彼らはいわゆる「学歴エリート」であった。大学の大衆化が始まった一九六〇年代とはいえ、創刊当時の一九六六年における大学進学率はまだ一一・

サッカーの戦術研究

個人技とチーム戦術

戦術は個人の競技力による

日本サッカー発展向上のために本編を贈ります。本編はシンポジウム形式（ある問題について集まって研究する形式）で話合い研究したものを、曽田三男氏がまとめた、日本サッカー界の権威者による貴重な記録です。御精読の上、誤りなく応用してください。

長沼　健氏

岡野俊一郎氏

八重樫茂生氏

曽田三男氏

43

42

図5-2　論壇調の討論企画（『サッカーマガジン』1967年5月号）

八%に過ぎず、「学歴エリート」に帯びる威信は残存していたといえよう(16)。実際、初期の『サッカーマガジン』では、そうした「学歴エリート」の協会関係者を「日本サッカー界の権威(17)」と位置付け、彼らを中心とした対談や座談会、シンポジウムといった討論企画が頻繁に掲載されていた（図5-2）。誌上では、「学歴エリート」である協会関係者が、ブームのもとでサッカーにまだ興味を持ち始めて間もない一般の読者に対し、サッカーとはどのようなスポーツかを教え説くという構図が見て取れる。その意味で初期のサッカー雑誌には、さながらサッカー論壇のような言説空間が形成されていたといえよう(18)。

表5-1　1960年代の『サッカーマガジン』における登場回数

順位		回数
1	岡野俊一郎	71
2	轡田三男	53
3	長沼健	52
4	平木隆三	46
5	牛木素吉郎	45

『サッカーマガジン』(1966年創刊号より1969年12月号、およびプレ創刊号『スポーツマガジン』1966年3月号)の目次より筆者作成

初期の『サッカーマガジン』において特に中心的な役割を果たした協会関係者が、岡野俊一郎である。一九六〇年代、岡野は技術委員として日本蹴球協会の役職を務めながら、『サッカーマガジン』にもほとんど毎号登場していた。上記の表5−1で示したとおり、登場回数は協会関係者の中でも群を抜いて多い。岡野は論評の執筆や座談会への参加のみならず、サッカー関連の洋書の翻訳記事まで担当し、同じ号の中で複数その名が載ることも少なくなかった。さらに、岡野は後述するサッカー番組「三菱ダイヤモンドサッカー」でも名物解説者として活躍するなど、雑誌に限らずサッカーメディア界で大きな存在感を放っていた。

岡野も先述の野津や篠島同様、サッカーに「知的さ」を求めた。サッカーは「知的スポーツ」[19]と語る岡野は、協会関係者との座談会において、良いサッカー選手になるための条件として「考える習性」を身につけることを繰り返し述べる。そして、そのための方法として「高度な試合を見て学ぶ」ことを強調している[20]。こうした「学ぶ」態度の要請には、サッカーを「社会教育」として捉えていた協会会長・野津謙との連続性が見て取れる。

岡野のサッカー論の特徴は、「知的なスポーツ」としてのサッカー語りの延長線上で、しばしば読書の必要性を唱えた点にある。ある書評記事では、以下のように述べている。

> 千ページを越す大著だけに、読むほうも最後まで読み通す決心が必要である。選手、コーチともにサッカーの上達を願う者であれば、この本を読み通すくらいの努力があるのは当然だと信じている[21]

このように岡野が読書の規範をサッカー愛好者に唱えた背景には、教養主義の影響が窺える。教養主義とは、改めて確認しておくと、「読書を通じ人格形成を図る態度」で一九七〇年代当初までは大学キャンパスの規範文化であった[22]。一九三一年生まれの岡野のライフコースを辿ると、学生時代、教養主義のバイブルだった阿部次郎『三太郎の日記』を発売日当日の深夜、書店に並んで購入するなど、教養主義文化に浸かっていた様子が見られる[23]。教養主義の震源地であった東大（新制）出身の岡野に

図5-3　岡野俊一郎
(『スポーツ・マガジン』1966年3月号)

とって、読書とサッカーは親和性をもつものであった。その意味でサッカー愛好者に読書の規範を求めた岡野は、サッカーに教養主義の衣裳をまとわせることで「知的さ」を演出していたといえよう。

こうして雑誌というメディアを媒介にし、「学歴エリート」によって紹介される過程で、サッカーはイギリスのような「暴力的な男性スポーツ」としてではなく、「社会の役に立つ」「知的なスポーツ」として読み替えられた。

野球へのコンプレックスが駆動させる「読むサッカー」

では、以上のような雑誌上でのサッカー言説は読者にどのように受容されたのか。それを考えるうえでまず、「サッカー狂会」会長・池原謙一郎に着目したい。「サッカー狂会」とは一九六二年に結成された私設応援団兼同好会で、同会の会長である池原は一般のサッカーファンでありながら、しばしばサッカー雑誌上で論説記事を執筆していた。その意味で、雑誌の論者と読者の中間領域に位置し、サッカー愛好者を代表する語り手として誌面に登場していた。

池原は、自らをサッカーが狂うほど好きな「サッカー狂」と自称していた。池原の言う「サッカー狂」とは、サッカーへの「熱心さのあまり普及、PR、応援団などの活動を意欲

的に行なう」愛好者で、以下のような理念を持つ者であるという。(24)

しかもプロ野球などに見られる特定チームや、特定選手へのファン後援会や、応援団のような、いわば我が利のための熱心さではなく、これらサッカーのファン活動はすべて「日本サッカーの底辺を拡げるとともに頂点を高くする」という日本サッカーのピラミッド作りに貢献し協力するという、基本的思想を基盤としているのである。(25)

つまり、「サッカー狂」は、サッカーを私的に鑑賞するだけでは飽き足らず、日本社会におけるサッカーの普及という公的な目標を掲げて活動する者であると池原は言う。そんな池原にとってのサッカー普及を正当化するロジックこそが、「学歴エリート」たる協会関係者が掲げる「社会に役立つスポーツ」、「知的なスポーツ」としてのサッカー言説であった。池原は「サッカーは、他のさまざまなスポーツのエキスを調合した、次元の高い競技」、「人類の築き上げた大いなる遺産の一つ」と語るなど、協会関係者のサッカー言説を敷衍し、サッカーというスポーツに普遍的な文化としての高尚さを見出していた。(26)

こうした池原の存在に影響を受け、サッカー雑誌の読者欄にも「サッカー狂」と名乗る読者が登場するようになる。

私は大学時代にサッカーを経験し、その後自他ともに認めるサッカー狂になってしまいました。日本リーグも軌道にのり、このままの調子では、四、五年後には必ずやプロ・チームができて、野球に追いつくことを信じて疑わない者の一人であります。（中略）世界の文化国家が国技としているサッカー、全世界で最も競技人口の多いサッカーを、日本でももっと拡めようというのがサッカーを経験した者たち全員の夢なのです[27]

ここでも、サッカーが「世界の文化国家」が行うスポーツであるがゆえに、「日本でももっと拡めよう」という意見が提示され、池原や協会関係者が語るサッカー言説との類似性が見られる。同様の投書が、当時の読者欄において散見される[28]。

では、協会関係者のみならず一般のサッカーファンまでもが、なぜサッカーを「社会に役立つスポーツ」「知的なスポーツ」として語らねばならなかったのか。そうした言説の背後には、サッカー愛好者が抱える野球へのコンプレックスが存在した。篠島にしろ、池原にしろ、上記の読者投稿にしろ、いずれの語りにも共通するのは、サッカーの比較対照として野球について言及している点にある。つまり、日本社会で広く親しまれていた野球への対抗意識の中で、サッカーにエリート意識としての「知的さ」が読み込まれたのであった。当時の誌面からは、野球に対するコンプレックスこそが戦後のサッカー認識を駆動させてきた様相が看取される。

雑誌を媒介にした擬似的な共同体

「巨人・大鵬・卵焼き」が合言葉となった高度成長期、サッカーは当時、まだ「マイナースポーツ」のひとつとしか認識されていなかった。一九六〇年代のサッカーブームは一過性のものに過ぎず、一九七〇年代に入ると新聞上でも「下降線たどるサッカー・ブーム」と報じられるなどブームは急速に下火に入る。(29) そうした状況下で、読者は、誌面の向こうに同じ境遇の他の読者を想定しながら雑誌を読むことによって、サッカーファンとしてのアイデンティティを保っていた。その意味で、雑誌を媒介にして擬似的な共同体が形成されえたといえよう。『サッカーマガジン』の後発で、一九七一年に創刊された『イレブン』(日本スポーツ出版社) の読者欄には、以下のような投書が掲載されていた。

サッカーといえば、地上最高のスポーツである。野球などとちがい、一人一人のプレーのパス、ドリブル、シュートで初めて得点につながる。チームワーク、紳士の国、英国で生まれた、ジェントルマンのスポーツ。それに、連盟に加盟している国が国際連合よりも多いということ。このことから、サッカーは世界のスポーツであるということがわかる。（中略）だが、わが国では、サッカーというものは影の存在に等しい。（中略）いくらぼくたちがサッカーを愛していても、こういう環境の中でサッカーをやるということは、ぼくにとって何かみじめだ。[30]

スポーツとしてのサッカーの正統性を主張しながら、日本でサッカーを愛好する際に感じる「みじめさ」や野球へのコンプレックスがここからは読み取れる。読者欄は、このように一人の読者の意見を公に提示するだけにとどまらず、その意見に対して他の読者から応答がなされることでサッカー愛好者が抱える悩みを共有し、自分と同じ境遇にある他の読者の存在を可視化させる空間であった。[31] この投書に対して、翌月号で別の読者から以下のような、励ましの返答がなされている。

サッカーをやっているなら堂々としなさい。サッカーほど愛されているスポーツは他にないではないか。日本では野球が盛んであるが、考えてみたまえ、サッカーと野球。野球は一球毎に、コーチ、監督がブロックサインを出す。あれでは選手は動くロボットである。その点サッカーはグラウンドに入れば、選手一人一人のインテリジェンス、イマジネーションを必要とする。また運動量もかなり必要とする。これだけ考えただけでもサッカーのすばらしさは計らずとも知れている。そのことを一番知っているのは君自身じゃないか。君がサッカーを愛しているなら、堂々とプレーしなさい。[32]

このようにサッカーブームが終わり、サッカーが社会的に「影の存在」となる中で、サッカー雑誌は「サッカーを愛する」者同士がサッカーファンとしてのアイデンティティを確認し合う場として機能していた。

加えて興味深いのは、どちらの読者にも岡野らの言説の影響がうかがえる点にある。前者の「連盟に加盟している国が国際連合よりも多い」ゆえに「サッカーは世界のスポーツである」というロジックは、まさに岡野が頻繁に紹介している。岡野は、「野球をやっている国が世界では極めて少ない」のに対して「国連より大きな世界サッカー連盟」として、「世界性のトップ・スポーツ＝サッカー」と語っている。[33] 後者の「インテリジェンス、イマジネーション」も岡野のサッカー語りの代名詞といえる言葉である。

その意味で、彼らはまさに岡野らが唱えた「知的なサッカー」観を内面化したサッカーファンであった。逆に言えば、雑誌上に掲載される岡野ら協会関係者のサッカー言説こそが、読者のサッカーファンにとって、サッカーを愛好する社会的な意味を提供していた。

3. 基軸メディアとしてのサッカー雑誌

テレビ番組「ダイヤモンドサッカー」

雑誌での「読むスポーツ」を基調としたサッカー受容のあり方は、テレビの方でも独自の視聴態度を促した。

一九六八年、日本で初めて海外サッカーを定期的に放映したテレビ番組「三菱ダイヤモンドサッカー（以下ダイヤモンドサッカー）」が東京12チャンネル（現テレビ東京）で放送が開始された。「ダイヤモンドサッカー」の日本のサッカー史に与えた影響は、日本サッカー協会の年史にも記されており、この番組の「生みの親」こそ、サッカーを「頭脳的なスポーツ」と語る篠島秀雄であった[34]。当時、三菱化成社長で蹴球協会副会長でもあった篠島が、ロンドン滞在中に見た現地のサッカー番組に感銘を受け、「これを日本で放送して、サッカーの普及・発展に結び付けよう」と考えたのが番組制作のきっかけであった[35]。

「国際感覚が身につくようなスポーツ教養を日本の若い人たちに与えるのがメディアの役割ではないか」と考える篠島が解説者として番組出演を打診したのが、東大サッカー部の後輩で、まさにサッカー論壇における主要論者の岡野俊一郎であった[36]。岡野の解説の特徴は、サッカー雑誌での論説同様に「インテリジェンスとかイマジネーションという言葉」を多用しながら、「世界各地のサッカークラブの存在価値や意義、さらにはその文化的背景までをも解説」する点にあった。[37] こうした岡野の語りに、視聴者は「世界のことを教えてくれる教養番組」や「だんだんサッカーのほうが野球よりも上等なもののように思えてきた」という感想を抱いたという。[38]

さらに、この番組が一九六〇年代の東京12チャンネルで放送されていたという点は、特筆に値する。佐藤卓己は、一九五〇年代から一九六〇年代において「テレビは教育・教養の問題として盛んに議論され」、そうした議論が国策として取り込まれながら「日本独自の教育テレビ体制」が誕生したプロセスを明らかにしている。[39] 東京12チャンネルは、まさにそうした時代状況において「科学教育を主とする教育専門局」として開局されたテレビ局であった。[40]

図5-4　「絵で見る三菱ダイヤモンドサッカーの裏側」
（『サッカーマガジン』1972年10月号）

「ダイヤモンドサッカー」という番組が放送されるにあたって、サッカーにも篠島の言うような「国際感覚が身につくようなスポーツ教養」としての価値が見出され、「野球よりも上等な」「教養番組」のように視聴されていた背景には、このような東京12チャンネルの「教育専門局」としての性格も関係していた。

ローカルなテレビとナショナルな雑誌

「ダイヤモンドサッカー」とサッカー雑誌には、先述した岡野のような人的な繋がりだけでなく、メディア間の密接な関係性が窺える。雑誌上では、番組情報やテレビ局の動向が逐一伝えられ、ワールドカップや「ダイヤモンドサッカー」の放送事情についてはしばしば特集が組まれるほど大きく取り上げられていた（図5-4）。

だが、それらの番組は東京12チャンネルという関東地方のローカル放送局での放送であったがゆえに視聴できるのは、関東に住む視聴者に限られていた。こうした「ダイヤモンドサッカー」の放送に付きまとう地域的な偏差の問題は、かねてより読者欄で訴えられていた。そのうえで、ワールドカップが中継される機会に『サッカーマガジン』では全国の放送局の住所を掲載し、「全国で中継実現の大運動」を呼びかけた[41]（図5-5）。

テレビ番組「ダイヤモンドサッカー」が地理的な制限を伴ったローカルなメディアであったのに対し、サッカー雑誌は地方のサッカーファンの声まで拾い上げていた。つまり、サッカー雑誌はテレビ以上に広範な、全国レベルをカバーするメディア特性を備えていた。一九六〇から七〇年代において、地方のファンにとってのサッカーは、あくまで雑誌で「読むスポーツ」であったといえよう。ここからは、そうしたサッカーを取り巻く当時のメディア編成が浮かび上がる。そのため、以下のような読者欄では投書が頻繁に掲載される。

ハガキ一枚で
ワールドカップ決勝を見よう！

WM 74

地区	放送会社名	所在地
北海道	北海道放送	札幌市中央区北一条西５－２
	札幌テレビ放送	札幌市中央区北一条西８－１
東北	青森放送	青森市大字松森字福田72
	岩手放送	盛岡市志家町６－１
	東北放送	仙台市八本山香澄町26－１
	秋田放送	秋田市山王大通り
	福島テレビ	福島市御山町２－５
	山形放送	山形市旅籠町２－５
	仙台放送	仙台市大町 1-1-30　新仙台ビル
甲信越	新潟放送	新潟市川岸町３－18
	信越放送	長野市吉田１－21－24
	山梨放送	甲府市北口２－６－10
北陸	北日本放送	富山市牛島10－18
	北陸放送	金沢市本多町３－２－１
	福井放送	福井市大手町３
東海	静岡放送	静岡市石川609
	中部日本放送	名古屋市中区新栄町４－15
	東海テレビ放送	名古屋市東区東新町７
	名古屋放送	名古屋市中区下茶屋町58
近畿	毎日放送	大阪市北区堂島船大工町53
	朝日放送	大阪市大淀区大淀町南２－２
	読売テレビ放送	大阪市北区岩井町２－74
	関西テレビ放送	大阪市北区梅ヶ枝町51
中国	山陰放送	米子市皆生通り
	日本海テレビジョン放送	鳥取市本町３－204
	山陽放送	岡山市丸の内２－１－３
	中国放送	広島市基町34
	山口放送	徳山市公園区
	広島テレビ放送	広島市中町６－４
四国	四国放送	徳島市幸町１－32
	西日本放送	高松市丸の内８－２
	南海放送	松山市道後1135－１
	高知放送	高知市本町23
九州	ＲＫＢ毎日放送	福岡市中央区渡辺通り４－１－10
	九州朝日放送	福岡市長浜１－１－34
	テレビ西日本	北九州市八幡区本町西本町4-13-5
	長崎放送	長崎市上町１－35
	熊本放送	熊本市山崎町30
	大分放送	大分市今津留1315－５
	宮崎放送	宮崎市下北方町858
	南日本放送	鹿児島市高麗町５－25
沖縄	琉球放送	那覇市久茂地町２－３－１
	沖縄テレビ放送	那覇市久米２－32－１

全国で中継実現の大運動を

日本時間昭和四九年七月八日午前０時――サッカー・ファンの君なら、これが何の時間かすぐわかるだろう。そう、これはワールドカップ西ドイツ大会の決勝戦の始まる時間なのだ。

東京12チャンネルではこの試合の模様を実況中継することがほぼ決まっている。世界中の何億という人々と一緒に、この偉大な祭典を見ることができるのは、何と幸せなことだろう。

しかし、12チャンネルが見られるのは関東だけに過ぎない。他の地方ではまだネットすることが決まっていないのだ。地方のファン諸君、君たちはそれでいいのか。

左の表の自分の地域のテレビ局に、すぐハガキを出そう！

テレビ局やスポンサーにとって投書の山ほどこわいものはないのだ。すぐにペンをとり、「ワールドカップ中継を！」と書いてポストに入れよう。そうすれば君も、世界最高のビッグ・ゲームを「生で」見られるのだ！

106

図5-5　「ハガキ一枚でワールドカップ決勝を見よう」
(『サッカーマガジン』1974年6月号)

このハーフ・タイムの欄に「もっとサッカーの放送を」という意見が出ているのをよく見ますが、全く同感です。僕としてはムルデカ（大会—引用者）も見たことがないし、まして大学リーグなどは大学野球は放送されるというのに…。せめてダイヤモンド・サッカーでも、と思うのは僕一人ではないでしょう。このことは地元の放送局に頼むべきことかも知れません。しかし、ぜひ東京12チャンネルおよびサッカーマガジン誌諸氏にもご尽力願いたいのです。まことに勝手ながら…(42)

このように読者は、雑誌とテレビ局の結びつきを踏まえた上で、テレビ局への陳情をあえてサッカー雑誌を介して行っていた。こうした投書からは、テレビ局との連携によって、雑誌メディアへの投稿が放送の実現につながるというリアリティが読者の間に存在した様子も見て取れる。

併せて自らの声が雑誌上の読者欄に掲載されるという点も大きかった。サッカーブームが下火になった一九七〇年代において、読者欄では意見の応答が盛んになる。サッカーファンにとって雑誌に投稿することは、自分の意見に対し何らかの反響が返ってくる点で、まさに雑誌を媒介にした擬似的な共同体を経験させるものであった。つまり、サッカー人気が低迷する中で、「もっとサッカーの放送を」という意見を投稿し、それに対して他の読者から共感が示される。その過程において、雑誌上の向こうに同じサッカー観をもったサッカーファンの存在が可視化されたのであった。

「ネタバレ」を楽しむ視聴態度

「ダイヤモンドサッカー」はその特殊な放送形式ゆえに、その視聴においては独自の態度がみられた。

「ダイヤモンドサッカー」では通常、ワールドカップなどの放送テープを海外から購入するため、現地での試合開催から何カ月も遅れたディレイ放送になっていた。さらに、放送時間の関係から、一試合を前半と後半の二週に分けて放送していた。

結果的に、サッカー雑誌のほうが先行して試合情報を伝えることとなった。その意味で、相対的にはテレビよりも雑誌が速報メディアとして機能していたのである。実際、当時の雑誌上では「ダイヤモンドサッカー」特設欄が設けられ、毎号、その月に放送される予定の試合の結果や得点経過、メンバー表など詳細な内容が記載されていた。

例えば、一九七一年七月には、前年に行われたメキシコワールドカップの準決勝西ドイツ対イングランドの試合が前半、後半、延長の三週に分けて放送されている。そしてその放送予定を伝える『サッカーマガジン』上の「今月のダイヤモンド・サッカー」の欄では、出場メンバーとスコア、詳しい試合の経過、決勝点のシーンの写真まで掲載してある（図5-6(43)）。現在の感覚からすると完全な「ネタバレ」であるが、実はそうした「ネタバレ」的な受容が当時は楽しまれていた。「ダイヤモンドサッカー」を視聴していたファンは、次のように語る。

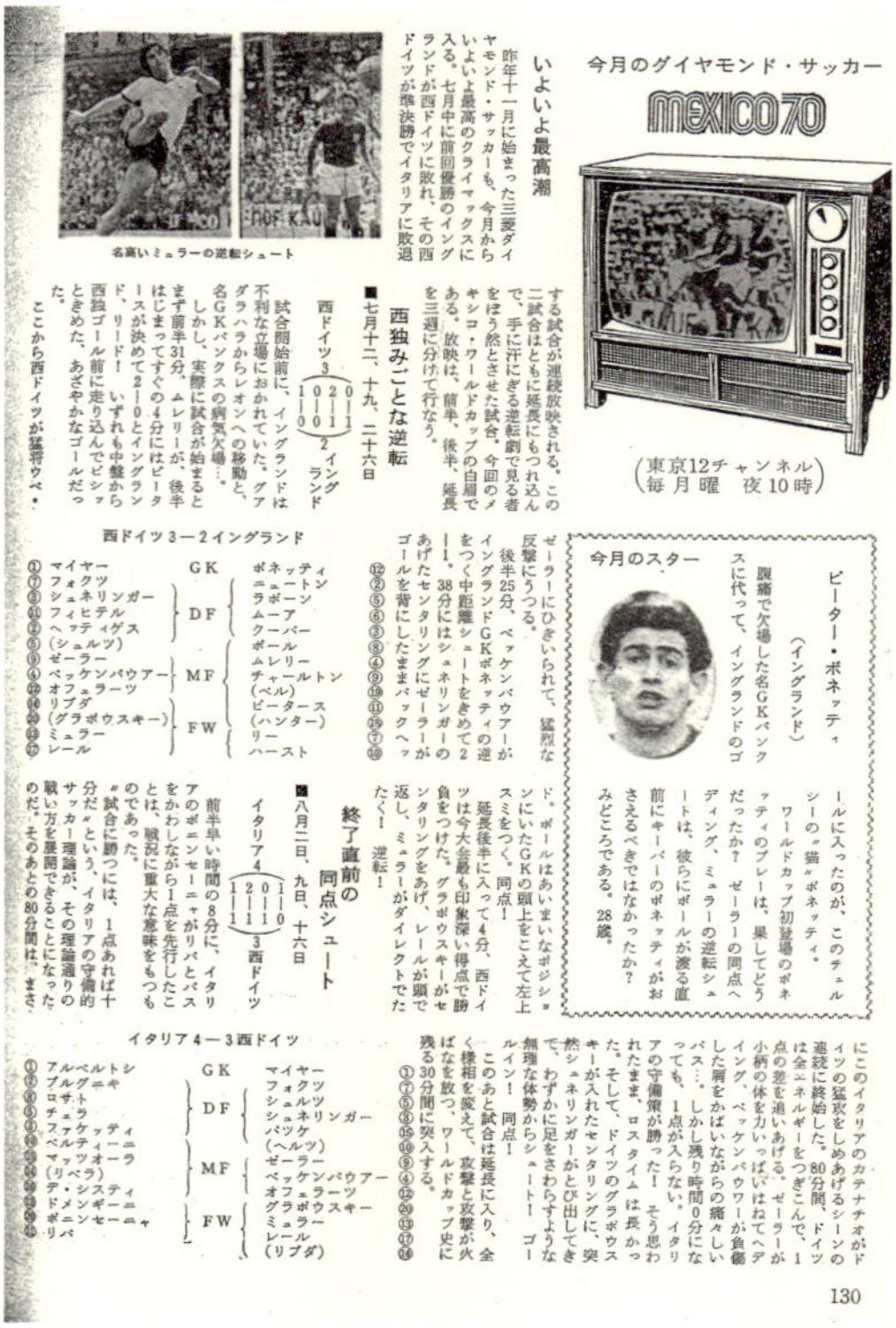

今月のダイヤモンド・サッカー

MEXICO 70

（東京12チャンネル 毎月曜　夜10時）

いよいよ最高潮

昨年十一月に始まった三菱ダイヤモンド・サッカーも、今月からいよいよ最高のクライマックスに入る。七月中に前回優勝のイングランドが西ドイツに敗れ、その西ドイツが準決勝でイタリアに敗退する試合が連続放映される。この二試合はともに延長にもつれ込んで、手に汗にぎる逆転劇で見る者をぼう然とさせた試合。今回のメキシコ・ワールドカップの白眉である。放映は、前半、後半、延長を三週に分けて行なう。

名高いミュラーの逆転シュート

西独みごとな逆転

■七月十二、十九、二十六日

西ドイツ 3（0—1、2—1、0—0、1—0）2 イングランド

試合開始前に、イングランドは不利な立場におかれていた。グアダラハラからレオンへの移動と、名GKバンクスの病気欠場…。

しかし、実際に試合が始まるとまず前半31分、ムレリーが、後半はじまってすぐの4分にはピータースが決めて2—0とイングランド、リード！　いずれも中盤から西独ゴール前に走り込んでピシャときめた、あざやかなゴールだった。

ここから西ドイツが猛将ウベ・ゼーラーにひきいられて、猛烈な反撃にうつる。

後半25分、ベッケンバウアーがイングランドGKボネッティの逆をつく中距離シュートをきめて2—1。38分にはシュネリンガーのあげたセンタリングにゼーラーがゴールを背にしたままバックヘッド。ボールはあいまいなポジションにいたGKの頭上をこえて左上スミをつく。同点！

延長後半に入って4分、西ドイツは今大会最も印象深い得点で勝負をつけた。グラボウスキーがセンタリングをあげ、レールが頭で返し、ミュラーがダイレクトでたたく！　逆転！

西ドイツ3—2イングランド

西ドイツ		イングランド
①マイヤー	GK	ボネッティ⑫
⑦フォクツ、③シュネリンガー、⑪フィヒテル、②ヘッティゲス、⑤（シュルツ）	DF	ニュートン②、ラボーン⑤、ムーア⑥、クーパー③
⑨ゼーラー、④ベッケンバウアー、⑫オフェラーツ	MF	ボール⑧、ムレリー④、チャールトン⑨、（ベル）⑲
⑭リブダ、⑳（グラボウスキー）、⑬ミュラー、⑰レール	FW	ピータース⑪、（ハンター）⑲、リー⑦、ハースト⑩

今月のスター

ピーター・ボネッティ（イングランド）

腹痛で欠場した名GKバンクスに代って、イングランドのゴールに入ったのが、このチェルシーの"猫"ボネッティ。

ワールドカップ初登場のボネッティのプレーは、果してどうだったか？　ゼーラーの同点ヘディング、ミュラーの逆転シュートは、彼らにボールが渡る直前にキーパーのボネッティがおさえるべきではなかったか？　みどころである。28歳。

終了直前の同点シュート

■八月二日、九日、十六日

イタリア 4（1—0、0—1、2—1、1—1）3 西ドイツ

前半早い時間の8分に、イタリアのボニンセーニャがリバとパスをかわしながら1点を先行したことは、戦況に重大な意味をもつものであった。

"試合に勝つには、1点あれば十分だ"という、イタリアの守備的サッカー理論が、その理論通りの戦い方を展開できることになったのだ。そのあとの80分間は、まさにこのイタリアのカテナチオがドイツの猛攻をしめあげるシーンの連続に終始した。80分間、ドイツは全エネルギーをつぎこんで、1点の差を追いあげる。ゼーラーが小柄の体を力いっぱいはねてヘディング、ベッケンバウワーが負傷した肩をかばいながらの痛々しいパス…。しかし残り時間0分になっても、1点が入らない。イタリアの守備策が勝った！　そう思われたまま、ロスタイムは長かった。そして、ドイツのグラボウスキーが入れたセンタリングに、突然シュネリンガーがとび出してきて、わずかに足をさわらすような無理な体勢からシュート！　ゴールイン！　同点！

このあと試合は延長に入り、全く様相を変えて、攻撃と攻撃が火ばなを放つ、ワールドカップ史に残る30分間に突入する。

イタリア4—3西ドイツ

イタリア		西ドイツ
①アルベルトシ	GK	マイヤー①
②ブルグニキ、⑧ロサト、⑤チェラ、③ファケッティ	DF	フォクツ⑦、シュルツ⑤、シュネリンガー⑧、パツケ⑮、（ヘルツ）⑩
⑩ベルティーニ、⑮マッツオーラ、⑭（リベラ）、⑯デ・システィ	MF	ゼーラー⑨、ベッケンバウアー④、オフェラーツ⑫
⑬ドメンギーニ、⑳ボニンセーニャ、⑪リバ	FW	グラボウスキー⑳、ミュラー⑬、レール⑰、（リブダ）⑭

130

図5-6　試合結果まで掲載する「今月のダイヤモンドサッカー」欄
（『サッカーマガジン』1971年8月号）

『サッカー・マガジン』にしても、今はなくなってしまった『イレブン』にしても、当時はワールドカップが終わるとすぐに特集号を発売していました。だから、何対何でどちらが勝ったとか、何分ごろに点が入ったという結果はだいたい把握していたんですが、それでも試合はめちゃくちゃ面白かったですね。雑誌を読んで、〝ここでクライフが凄いゴールを決める〟とわかっているだけに、妄想が膨らんでいるんですよ。実際に『ダイヤモンドサッカー』でそれを追認していくという作業が延々と1年ほど続いたのですが、僕らサッカーファンは幸せでしたね。(44)

速報性の点でテレビよりも雑誌が先行するという特異なメディア空間が、そこには浮かび上がる。現在のスポーツ受容では、先にテレビで視聴した後に、雑誌で追認することが自明視されている。雑誌はあくまでテレビの補完的な役割を果たすにすぎない。

だが、当時のサッカー雑誌と「ダイヤモンドサッカー」の相関からみると、サッカー愛好者は事前に雑誌で「予習」し、それを踏まえてテレビ放送では既に内容と結果を知っている映像について「追認」するものであった。つまり、ここではむしろテレビが補完的なメディアにすぎず、雑誌こそが基軸メディアとして機能していた。

4. 「読むスポーツ」とメディアとしての雑誌

サッカー雑誌と教養文化

一九六〇年代に創刊されたサッカー雑誌では、当初「社会に役立つ・知的スポーツ」としてのサッカーが紹介されていた。ここでは、「サッカーの母国」での「フーリガン」と結びついた「粗暴なスポーツ」としてのサッカー像からの読み替えが生じていた。その背後には、「大衆スポーツ」として日本社会に定着していた野球へのコンプレックスを駆動因としながら、学歴エリートたる蹴球協会関係者がサッカーの正統性を「知的さ」に見出そうとする姿が浮き彫りとなった。(45)

こうしたサッカー認識に「知的さ」を接合する文脈で浮上したのが、スポーツと教養主義の関係性である。サッカーメディア界の代表的イデオローグとしての位置にあった岡野は、しばしば読書の規範を唱えていた。そうした「教養」の輪郭を帯びたサッカー語りの形式は、テレビにも派生し、「ダイヤモンドサッカー」は読むように見る「雑誌的テレビ」として視聴されていた。

とはいえ、このようなサッカー雑誌にみられる教養主義には、理念型としての「教養主義」、すなわち哲学、歴史、文学などの人文学の読書を基調とするキャンパス文化とは必ずしも合致しない点もあろう。では、なぜサッカー雑誌上であえて読書の必要性が語られていたのか。本章では、その社会的な意味を考える上で、大衆的な文脈での教養主義文化、すなわち「教養」への憧れとスポーツとの接点を取り上げた。換言すると、サッカーに読書の規範が持ち込まれるその背後には、一九六〇年代において残存していた学歴エリートの教養主義体験と「教養」に憧れる大衆社会の状況が見てとれる。

マス・メディアに取りあげられないコンプレックス

本章でみてきたようなメディアとしてのサッカー雑誌の機能は、ワールドカップが社会的な関心事となるなどサッカーが「メジャースポーツ」として認識され、テレビで生中継を視聴可能な環境にある今日では必ずしも自明のものではない。

サッカー雑誌は、かつてはテレビと共存し、それどころかむしろテレビの視聴態度を規定するようなサッカー受容の基軸メディアとして機能していた。数カ月も前の試合の映像を事後的に追認する、いわば「ネタバレ」的な視聴態度は、雑誌での「読むスポーツ」を前提とする当時のサッカーの受容のあり方に裏打ちされたものである。

サッカー受容において雑誌が基軸メディアとして機能した背景には、当時の日本社会におけるサッカーの「マイナースポーツ」としての位置づけにあった。サッカーは一般のテレビや新聞では扱いが小さく、主たる情報源は雑誌であった。マス・メディアには載らないスポーツという意味でのマイナー性ゆえに、雑誌の書き手も読者もサッカーというスポーツに「知的さ」という意味を見出し、雑誌での読みが先行しテレビ視聴で後追いするというメディアの速報性が転倒した関係のなかで、より一層サッカーに意味を読み込む態度が促されていった。だからこそ、今では考えられないような『ダイヤモンドサッカー』における、放送を読むように見る「ネタバレ」的な視聴態度も許容されたのである。

そもそも『ダイヤモンドサッカー』は全国レベルで放送されておらず、地方のサッカーファンは雑誌で読むしかなかった。換言すれば、テレビではなく雑誌こそが地方のファンまでを対象とした全国的なメディアであり、その意味で当時のサッカーはまさに雑誌で「読むスポーツ」であった。

マス・メディアには取り上げられないコンプレックスが駆動させる雑誌のあり方は、サッカー雑誌のみに限ったものではなかった。一九七〇年に創刊された『テニスマガジン』の編集後記では、創刊の意図が以下のように語られている。

この情報文化の時代に、数百万という競技人口を誇りながら、マスコミがほとんどとりあげないというスポーツが、ほかにあるだろうか。（中略）プレーヤーが練習、試合によってテニスを自分のものとして生活にとり入れていれば、それは意義のあることだろうが、その場所までいかなくては、大会のようすがわからない、報道されないというのでは、プレーヤー自身もはり合いがなかろうし、いちいち現地に行った人から聞かなくては内容がわからない。これでは現代社会におくれをとるばかりである。(46)

編集者は「マスコミがほとんどとりあげないというスポーツ」の不満を提示し、読者が抱く自分の愛好するスポーツが主要な媒体に載らないことへの劣等感をすくい上げた。そうしたマス・メディアに取り上げられないコンプレックスによって、マイナースポーツ誌はその受容において基軸メディアとして機能したのである。

注

(1) 出版ニュース社編『出版年鑑一九六八』(出版ニュース社、一九六八年)八六頁。
(2) 「編集後記」(『水泳競技マガジン』一九六六年七月号)六六頁。
(3) 「読者のページ」(『水泳競技マガジン』一九六六年九月号)六六頁。
(4) 「座談会」前掲注2、二〇頁。
(5) メディアとスポーツを扱った既存の研究では、雑誌を媒介にした「読むスポーツ」としての受容のあり方は必ずしも問われてはこなかった。スポーツ受容とメディアの関係性を論じた先行研究としては、山口誠『「聴く習慣」、その条件――街頭ラジオとオーディエンスのふるまい』（『マス・コミュニケーション研究』六三号、二〇〇三年、一四四―一六一頁）や小林正幸『力道山をめぐる体験――プロレスから見るメディアと社会』（風塵社、二〇一一年）などが挙げられる。上記の研究では、野球やプロレスが放送メディアと社会、オーディエンスとの交渉の中でどのように受容されていたのかを丹念に論じている。このようにラジオやテレビといった放送メディアを通したスポーツ受容についての研究は一定の蓄積がなされている一方で、管見の限り雑誌メディアとスポーツ受容との関係性についてはほとんど検討されていない。本章で扱うサッカー雑誌に関しても、『日本サッカー協会七五年史』のなかでわずかに言及されている程度にすぎず、スポーツ雑誌そのものを主題として取り上げた研究は見当たらない。もちろん、ファンカルチャー研究においても、ファンと雑誌メディアの関係性がしばしば指摘されている。例えば、岡井崇之「〝ナチュラル〟ボディーを手に入れる――総合格闘技ファンの身体・コミュニケーション」（東園子、岡井崇之、小林義寛、玉川博章、辻泉、名藤多香子『それぞれのファン研究』風塵社、二〇〇七年、一五五―二〇二頁）では、雑誌をひとつの題材にファンカルチャーのあり様が検討され、雑誌というメディアがファン意識の形成に大きな影響を及ぼすことを示唆している。こうしたファン研究の知見と重なる部分もあるが、本章では、サッカーファンそのものではなく、雑誌を媒介に「読むスポーツ」としての受容のあり方がいかに成立したのかに主眼を置くものである。だが、雑誌メディアとの関係でスポーツ受容を問わなければ、なぜ人々が放送メディアだけでなく、雑誌でもスポーツを読んでいたのかという「読むスポーツ」受容の社会的な意味は見えてこない。

本章は、こうした問題意識に立脚し、戦後のサッカー雑誌を事例に「読むスポーツ」のあり様を検討するものである。その際、「読むスポーツ」としての受容過程における雑誌のメディアとしての機能に着目したい。後述するように、サッカーが当時の日本社会においてどのようなスポーツとして受容されたのかは、雑誌というメディアの性格によって大きく規定されていた。よって、本章では雑誌を介した「読むスポーツ」としての受容のあり方を問うために、放送メディア（特にテレビ）との相関において、書き手や読者を巻き込みながらサッカー雑誌がいかなる機能を果たしていたのかを考察する。具体的には、主に一九六〇年代から七〇年代において発行されていた『サッカーマガジン』（一九六六年創刊、ベースボールマガジン社）を中心に分析した。同誌を通読したうえで、まずサッカーについて誰が如何なる文脈で論じているのかを明らかにするために、特集記事での論稿や編集後記などに注目した。他方でサッカー雑誌を読むことに、読者がいかなる意味を見出していたのかを検討するため、読者欄などにも目を配った。そのうえで、テレビとの相関において雑誌のメディアとしての機能を考えるために、雑誌内でのテレビ番組に関する言説を収集・分析した。

（6）財団法人日本サッカー協会が編纂した『財団法人日本サッカー協会七五年史』（ベースボール・マガジン社、一九九六年）では、『サッカーマガジン』について「日本初の専門誌」（三一六頁）との記載がある。だが、実はこれ以前にもサッカーを専門に扱った雑誌は存在した。一九三一年に創刊された蹴球協会の機関誌『蹴球』や、その同年に蹴球同好会から発行された同人誌『蹴球評論』などが挙げられる。ただし、これらはいずれも機関誌や同人誌だったという点で、流通面で商業ベースに乗っておらず読者は限定されていた。その点からも、『サッカーマガジン』が一般の読者を対象とした「日本初の専門誌」としていいえよう。

（7）「〝サッカーブーム〟を探る」（『朝日新聞』一九六六年六月三〇日朝刊）。

（8）財団法人日本サッカー協会七五年史編集委員会編、前掲注6、三一六―三一七頁。

（9）野津謙「随筆　サッカー少年院」（『サッカーマガジン』一九六六年一一月号）四二―四三頁。

（10）「野津謙　略年譜」（『野津謙の世界』學藝書林、一九七九年、一七八頁）、および野津謙「隣組体

操の奨励」（『読売新聞』一九四一年四月二日付朝刊）。

（11）野津謙は、その後も一九七一年のサッカー雑誌『イレブン』（日本スポーツ出版）の創刊に寄せて、次のように「社会教育」としてサッカーの理念を述べている。「過去五〇年間、オリンピックの金メダルを目標としてつちかわれたわが国のスポーツは、青少年の人間形成に役立つスポーツとして社会体育の振興に、その政策を百八十度転換せんとしている。（中略）私は、蹴ることに始まるサッカーのトレーニングによって、一人でも多くの日本の青少年諸君が、技術をのりこえた人間形成の道に進まれんことを祈ってやまない。エコノミック・アニマルとまで称せられている今日、わが国は、ほんとうにスポーツによって育成された人間を必要とするのではあるまいか」（野津謙『『イレブン』発刊によせて」『イレブン』一九七一年五月号、八七頁）。

（12）篠島秀雄「新春対談 篠島秀雄副会長にきく」（『サッカーマガジン』一九七〇年一月号）五二─五三頁。

（13）「サッカーか野球か」（『文藝春秋』一九六九年八月号）二八二頁。

（14）エリック・ダニング「男性の領域としてのスポーツ──男性アイデンティティの社会的源泉とその変容に関する見解」（ノルベルト・エリアス、エリック・ダニング／大平章訳『スポーツと文明化──興奮の探求』法政大学出版局、一九九五年）四一三頁。

（15）エリック・ダニング「フットボールの試合における観客の暴力」同上、三九〇頁。

（16）文部科学省生涯学習政策局政策課調査統計企画室「学校基本調査──年次統計」http://www.e-stat.go.jp/SG1/estat/List.do?bid=000001015843&cycode=0 最終閲読日二〇一七年五月一日。

（17）「サッカーの戦術研究──個人技とチーム戦術」（『サッカーマガジン』一九六七年五月号）四二一─四三頁。

（18）日本におけるサッカーの普及と学歴エリートの関係性については、福島寿男「大正期におけるサッカーの中学校への普及とその日本サッカー史への影響」（『体育史研究』第二八号、二〇一一年、四五―五四頁）が詳しい。野球害毒論が盛んだった大正期に中等教育の進学校で「校技」としてサッカーを導入された経緯に着目した福島は、大学生及び大学サッカー部ＯＢが日本代表選手の多数を占めてきた「日本サッカーの構造と歴史の特徴は、大正期においてサッカーが、反野球のエリートスポーツとして、パブリック・スクールと親和性のある中学校（進学校）に積極的に受容されたことと無関係ではなかろう」（五二頁）と指摘する。こうした福島の研究は、学歴エリートが論者として誌面に多く登場していたことの傍証となろう。とりわけ、一九六〇年代に登場回数が最も多い岡野俊一郎は、福島がサッカーを校技化した中学校の代表例のひとつとして挙げた東京府立第五中学校の出身であり、岡野自身も同校時代にサッカーと出会っている。ただし、イギリスにおけるスポーツと学校文化の関係性を踏まえると、パブリック・スクールと深く結びついていたのはむしろラグビーの方だった。その意味で、日本におけるサッカーとラグビーがそれぞれいかなるイメージと結びつき得たのかという文化的な布置については今後検討すべき課題である。

(19) 岡野俊一郎「第四五回天皇杯全日本選手権大会総評」（『スポーツマガジン』一九六六年三月号）二五頁。

(20) 「サッカーの戦術シンポジウム――一一人がゲームメーカー」（『サッカーマガジン』一九六八年一月号）六二頁。「サッカーの戦術研究――個人技とチーム戦術」（『サッカーマガジン』一九六七年五月号）四五頁。

(21) 岡野俊一郎「チャナディの『サッカー』を読んで」（『サッカーマガジン』一九六七年六月号）九二頁。こうした岡野の読書規範の言説は、他にも見られ、以下のようにも述べている。「一冊の本を読み通すことは、サッカーに必要な集中力の養成にも役だつはずである。（中略）本を読み、考え、勉強することは“thinking player”になるためにたいせつなことである」（岡野俊一郎「あとがき」アラン・ウエイド／岡野俊一郎訳『サッカー・ベスト・コーチ――コーチのいない君のための』ベースボール・マガジン社、一九七三年、二二〇頁）。

(22) 竹内洋『教養主義の没落――変わりゆくエリート学生文化』（中公新書、二〇〇三年）四〇頁。

(23) 岡野俊一郎『雲を抜けて、太陽へ――世界へ飛躍する日本サッカーとともに』（東京新聞出版部、二〇〇九年）四〇―四一頁。

(24) 池原謙一郎「サッカーファンの活躍」（『スポーツ・マガジン――サッカー特集号』一九六六年三月号）七四頁。

(25) 同上。

(26) 池原謙一郎「サッカーのおもしろさ、味わい方、楽しみ方」（『サッカーマガジン』一九六六年六月号）二九頁。

(27) 「ハーフ・タイム」（『サッカーマガジン』一九六六年八月号）八九頁。

(28) その例として、「サッカーのだいご味は深淵にあり、（中略）全世界的スポーツ」と語る「京大サッカー部総務」（『サッカーマガジン』一九六六年一一月号、九六頁）や、雑誌上の記事に「教養と人格」を見出す高校生の「サッカー狂い」（「ハーフタイム」『サッカーマガジン』一九六六年一二月号、八八頁）などの投書があげられる。

(29) 「下降線をたどるサッカー・ブーム」（『朝日新聞』一九七一年一〇月五日朝刊）。

(30) 「イレブンフィールド」（『イレブン』一九七四年一一月号）一五八頁。

(31) ベネディクト・アンダーソンは、『定本　想像の共同体――ナショナリズムの起源と流行』（白石隆、白石さや訳、書籍工房早山、二〇〇七年）にて、国民意識形成の契機を、出版印刷物が一言語だけを知る大量の読者公衆の創出を可能にした出版資本主義に見ている。またロジャ・シャルチエも、『書物の秩序』（長谷川輝夫訳、ちくま学芸文庫、一九九六年）にて、書物の読み方を共有する「読者共同体」のあり方に着目している。本章での文脈に即していうと、サッカー雑誌は、サッカーを愛好する読者を可視化させ、サッカーファンとしてのアイデンティティを形成する基盤となっていた。誌面の向こうに同じサッカーファンがいることを「想像」させ、雑誌上での擬似的な交流を求心力にした、読者による「想像の共同体」の形成過程が見て取れる。

（32）「イレブンフィールド」（『イレブン』一九七四年一二月号）一五八頁。

（33）岡野俊一郎『サッカーのすすめ』（講談社、一九六八年）一〇―一一頁。

（34）財団法人日本サッカー協会七五年史編集委員会編、前掲注6、三一二頁。

（35）同上。

（36）JDFA（ジャパン・ダイヤモンド・フットボール・アソシエーション）編『「ダイヤモンドサッカー」の時代』（エクスナレッジ、二〇〇八年）一〇三頁。

（37）同上、三頁および、三四五頁。

（38）同上、三二六頁および、三四五頁。

（39）佐藤卓己『テレビ的教養――一億総博知化への系譜』（NTT出版、二〇〇八年）八頁。

（40）同上、一四〇―一四一頁。

（41）「ハガキ一枚でワールドカップ決勝を見よう」（『サッカーマガジン』一九七四年六月号）一〇六頁。

（42）「ハーフタイム」（『サッカーマガジン』一九七二年一一月号）一九七頁。

（43）「今月のダイヤモンド・サッカー」（『サッカーマガジン』一九七一年八月号）一三〇頁。

（44）JDFA編、前掲注36、三四七頁。

（45）本章で取り上げた「知的なスポーツ」としてのサッカー像は、あくまでサッカー雑誌上で構築された認識に過ぎない。よって、必ずしも同時代における日本のサッカー文化の実践を説明できるものではなく、その位相差を検証することは今後の課題としたい。

(46)「編集後記」(『テニスマガジン』一九七〇年一〇月号)一二四頁。

第六章　一流出版社への憧れと頓挫

——一九六〇年代での社会・文化・芸術領域への派生

一九五〇年代から一九六〇年代にかけて多種多様なスポーツ誌を刊行するなど、自らも「高度成長」を迎えていたベースボール・マガジン社は、スポーツのみならず、他分野への出版事業の拡張を図っていった。それではなぜ、ベースボール・マガジン社は、スポーツ雑誌社であることを良しとせず、社会や文化、芸術といった他分野への出版事業へと乗り出していったのか。

本章では、ベースボール・マガジン社の雑誌出版が、スポーツを越えて他の領域へと派生していくプロセスについて、啓蒙志向の変遷として跡づけつつ、その要因を池田の出版理念とその形成過程や、当時の出版界の動向を踏まえながら読み解く。

1. 趣味の指導

ライフスタイルの提示

ベースボール・マガジン社がスポーツ外の分野を開拓するうえで初発の雑誌となったのが、一九六〇年創刊の『最新自動車読本』である。社史によると同誌は、『週刊スポーツ・マガジン』が「週刊では載せきれないゲームや事件を特集的に掘りさげている現代的なスポーツ特集誌」として月刊化された際に、その月刊誌『スポーツ・マガジン』の一九五九年九月号増刊として出されたものであった。[1] その後、「これが大ヒット」し、『最新自動車読本』はシリーズ化されることになった。[2]

では、なぜ「自動車」だったのか。そこには一九六〇年代における「自動車社会の到来」がうかがえる。荒川章二が指摘するように、一九五〇年代後半からの公共事業としての道路建設とともに、通産省による戦略産業に自動車産業が位置づけられることによって乗用車の保有台数は急速に伸びた。さらに当時の中流意識と結びつき、「マイカー」を見せることが中流的生活を誇示するものとして人々に意識されることで、「マイカー時代」が到来した。[3]

当時の出版界でも、「マイカー時代」のなかで自動車雑誌がブームとして相次いで創刊されていた。ベースボール・マガジン社刊行の『最新自動車読本』も「自動車ブームの波にのって、自動車雑誌がいくつか創刊」されたうちのひとつであった。(4) 当時の『出版年鑑』では、自動車雑誌の潮流について以下のように評されている。

専門分野の雑誌では自動車関係の新雑誌が特に目に付くのは、やはりトップ産業であ

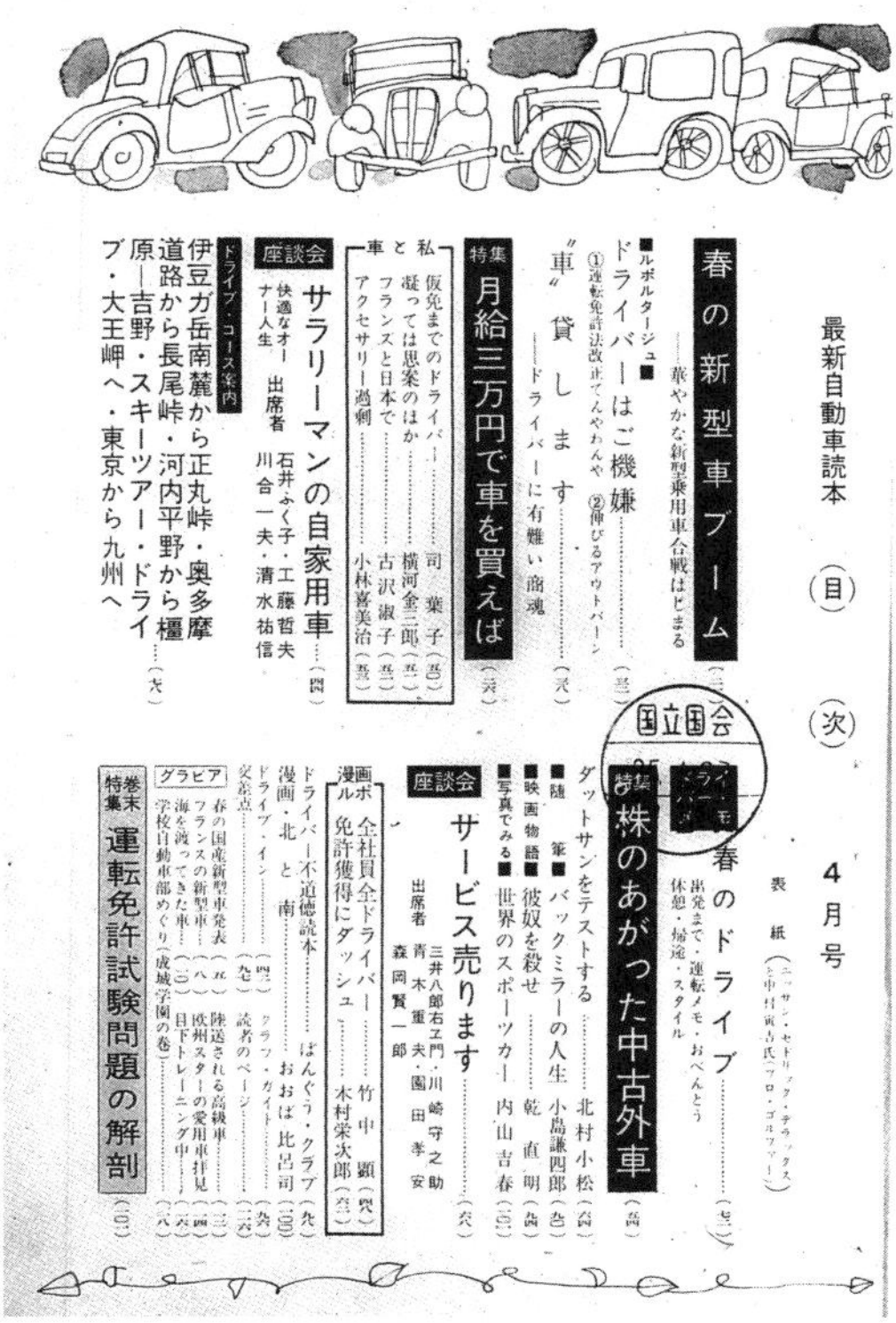

最新自動車読本　(目)(次)　4月号

表紙（ニッサン・セドリック・デラックスと中村寅吉氏（プロ・ゴルファー））

春のドライブ
出発まで・運転メモ・おべんとう
休憩・帰途・スタイル

春の新型車ブーム
——華やかな新型乗用車合戦はじまる

■ルポルタージュ■
ドライバーはご機嫌
①運転免許法改正てんやわんや　②伸びるアウトバーン

〝車〟貸します
——ドライバーに有難い商魂

特集　月給三万円で車を買えば

車と私
仮免までのドライバー……司葉子
凝っては思案のほか……横河金三郎
フランスと日本で……古沢淑子
アクセサリー過剰……小林喜美治

座談会　サラリーマンの自家用車
快適なオーナー人生　出席者　石井ふく子・工藤哲夫・川合一夫・清水祐信

ドライブ・コース案内
伊豆ガ岳南麓から正丸峠・奥多摩道路から長尾峠・河内平野から橿原—吉野・スキーツアー・ドライブ・大王岬へ・東京から九州へ

特集　株のあがった中古外車

ダットサンをテストする……北村小松
■随筆■　バックミラーの人生……小島謙四郎
■映画物語■　彼奴を殺せ……乾直明
■写真でみる■　世界のスポーツカー……内山吉春

座談会　サービス売ります
出席者　三井八郎右ヱ門・川崎守之助・青木重夫・園田孝安・森岡賢一郎

漫画ルポ
全社員全ドライバー……竹中顕
免許獲得にダッシュ……木村栄次郎

ドライバー不道徳読本……ぱんぐう・クラブ
漫画・北と南……おおば比呂司
ドライブ・イン……クラブ・ガイド
交差点……読者のページ

グラビア
春の国産新型車発表
フランスの新型車
海を渡ってきた車
学校自動車部めぐり（成城学園の巻）
陸送される高級車
欧州スターの愛用車拝見
目下トレーニング中

巻末特集　運転免許試験問題の解剖

図6-1　『最新自動車読本』1960年4月号の目次

る自動車の生産、普及を反映したものであろう。それも単に機械工業的なものでなく、若い人の運転技術、ドライブ案内等楽しい内容と一般性にこころがけられている。(5)

自動車雑誌の内容的な傾向としてここで指摘されているのは、「機械工業的」、すなわちメカニックに閉じたものではなく、若い世代へ車を所有することの階層的意味を提示するものとなっていた点にある。実際、『最新自動車読本』創刊号の誌面でも「特集　月給三万円で車を買えば」「サラリーマンの自家用車族」など、車そのものへの関心のみならず、車を乗る人々の生活のあり方を提示するような記事が並んでいる(図6-1)。

従来、スポーツ出版を専門に取り組んできたベースボール・マガジン社にとって『最新自動車読本』という車を扱う雑誌の存在は一見異色にみえる。だが、読者に対して「自動車のある生活」として選択すべきライフスタイルを提示した点において、同誌は池田の啓蒙志向を引き継ぐものであったといえよう。こうしたライフスタイルや趣味の「啓蒙」は、その後展開されていく一九六〇年代のベースボール・マガジン社での、スポーツを超えた出版事業の支柱となっていく。

ミリタリーとオリンピックの接続

『スポーツ・マガジン』は自動車のみならず、ベースボール・マガジン社がスポーツを越えた出版戦略を行ううえでの契機とみるべきであろう。『スポーツ・マガジン』では、それまで「スポーツ」として取りあげられなかった趣味を「スポーツ」と結びつけて俎上に挙げた。その典型が、ミリタリー・カルチャーであった。

一九六三年『スポーツ・マガジン別冊』として創刊された第一号では「世界の航空機物語」が特集された（図6-2）。特筆すべきはそこに連なる顔ぶれであった。監修は元海軍参謀にして当時は政治家兼軍事評論家として活躍していた源田実が務め、グラフ解説は、『航空ファン』（文林堂）の編集にも関わっていた航空評論家の野沢正が担当するなど、ミリタリー雑誌と遜色ない名前が並んだ。

図6-2　『スポーツ・マガジン別冊』創刊号「世界の航空機物語」
（『スポーツ・マガジン別冊』1963年10月号）

当時、青少年世代を中心にミリタリー・ブームが起こり、『週刊少年マガジン』などの少年マンガ誌において「戦記マンガ」が数多く連載されるとともに、また戦記雑誌『丸』にも青少年読者からの投書が多数を占めた。拙稿でも論じたように、戦争体験のない青少年読者層が、学校の「反戦平和」教育ではタブー視される戦記や兵器に「かっこよさ」を覚えるなかで、むしろ自ら学ぶべき「教養」としての価値を見出していくような状況が存在していた。(6) 戦後民主主義が声高に説かれるほど、戦闘機や銃などのミリタリー・カルチャーに青少年世代は惹かれ、積極的に学ぼうとした。その意味でミリタリー・カルチャーは、戦後民主主義の生み出した「鬼子」であり、屈折した関係において雑誌文化の中で浮上してきたのであった。

ミリタリーへの関心は、一九六五年『GUNマガジン』の創刊へとつながっていく。そこで興味深いのは、ミリタリーへの関心が、前年に開催された東京オリンピックを踏まえ、スポーツとして射撃との接続が模索されている点にある。創刊に際して、池田は以下のように綴っている。

射撃競技がオリンピックの競技種目として行なわれてから、射撃に対する興味を持ったという人や、射撃に無知な人にも少しでも、銃の知識が伝わったことと思う。この機会に当たり、本誌では銃に対する国民の知識を高めていくとともに、過去における銃の歴史を知っていただき、健全なスポーツとして正しく射撃、狩猟が伸びるように持っていきたい。(7)

ミリタリー的な銃への関心を「知識として高め」、オリンピックに併せて「健全なスポーツ」として啓蒙しようとする意図が見て取れる。編集部からの「出版だより」でも同誌の創刊は池田の強い意向によるものであった旨が伝えられている。(8) 東京オリンピックにおけるスポーツと軍事の連続性については、吉見俊哉が「軍用地」から「競技場」へという都市開発の面から指摘しているが、(9) ベースボール・マガジン社の雑誌刊行においては趣味の文脈におけるスポーツとミリタリーへの関心の接続が見て取れる。

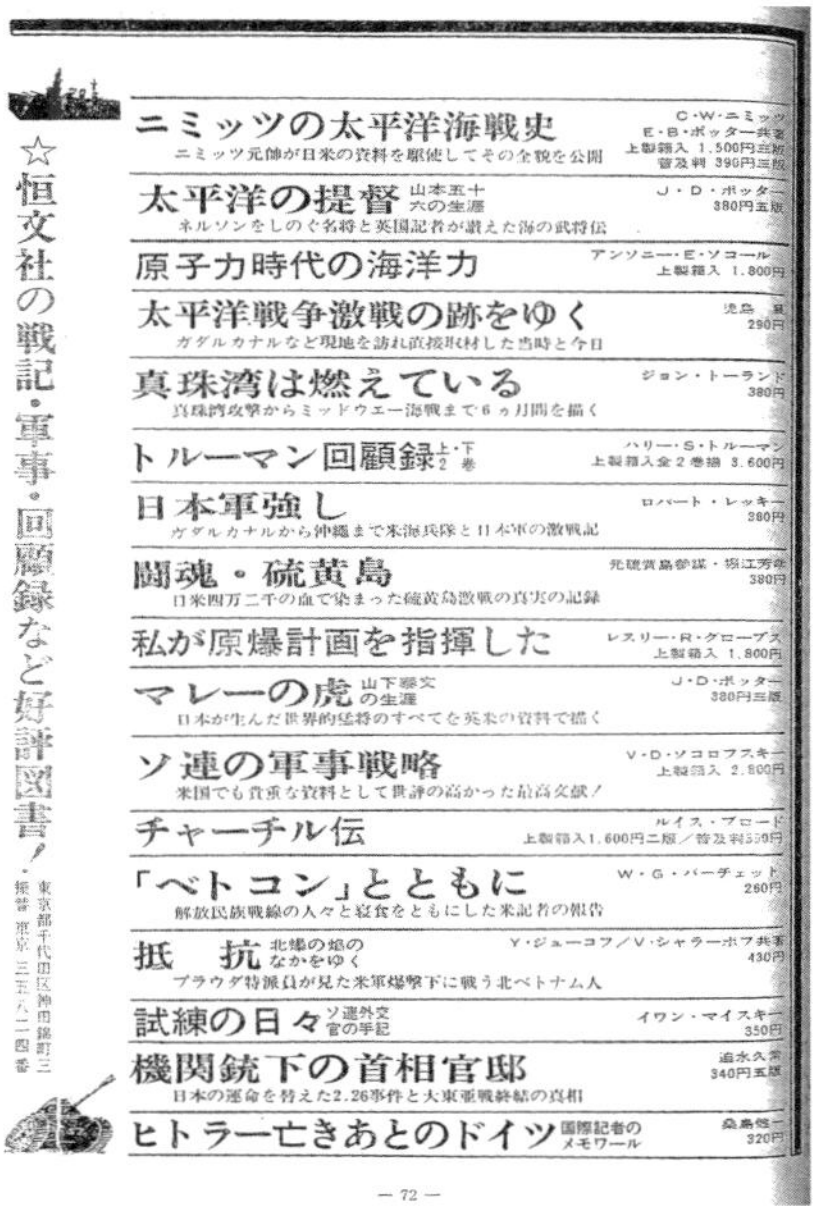

図6-3　「恒文社の戦記シリーズ」広告
(『GUNマガジン』1967年10月号)

興味深いのは、『GUNマガジン』が単に銃そのものへの関心に埋没せず、当時の社会的な文脈との関係で銃や兵器を取り上げている点にある。同誌において銃の存在は、ミリタリー趣味として楽しむだけでなく、当時、国際問題となっていた戦争を考えるきっかけとしても扱われた。具体的には、グラビア欄で「戦かうベトコンと北ベトナム政府軍兵士」（一九六七年七月号）、「〈中東戦争レポート〉中東に火を吹いた地上用火器」（一九六七年八月号）、「アメリカ軍の地上用火器（ベトナム・レポート）」（一九六七年一〇月号）を掲載するとともに、本文としても安延久夫「〈時事解説〉中東動乱の背景」（一九六七年八月号）、ジェームス・D・メイソン「ベトコンを脅かすM79」（一九六七年一〇月号）などが寄稿され、「恒文社による戦記シリーズ」の広告（一九六七年一〇月号）なども掲載されている。このように『GUNマガジン』での銃への関心は、ベトナム戦争・中東戦争といった国際問題や、また日本社会における戦記ブームへと接続しうるものでもあった。

レジャー・ブームとジャーナリズム志向

創刊号においてミリタリー・カルチャーを特集した『スポーツ・マガジン別冊』であったが、第二号では一転して「スキー案内」が特集される。特集グラフ「スキー用具／その選び方と手入れの法」やプロスキーヤーとして著名な三浦雄一郎による「初心者のための心得」、また「最新情報による全国主要スキー場総合ガイド」などのスキーを行うための実用的な記事が目次に並んでいる。そのなかで特に同誌が力を入れていたのは、「ベースボール・マガジン社スキースクール」である。それは池田の地元である新潟県の小出スキー場と小千谷スキー場でのスキー講習を主とした企画旅行であり、ベースボール・マガジン社は雑誌出版を越えて同企画の主催を担当していた。[10]と同時に、スキーにまつわる随筆として政治家の中曽根康弘や小坂善太郎による寄稿を掲載するなど、実用的な記事のみならず論説欄も設けられている。こうしたベースボール・マガジン社のスキーへの着目は、一九六六年の『SKIING』という題のスキー専門誌の創刊へと行きついた。

スキー誌創刊の背景には同時期のレジャー・ブームの状況がうかがえる。一九六一年に「レジャー」が流行語となるなど一九六〇年代、スキーやゴルフ、ボウリング、旅行など余暇・レクリエーション活動の「大衆化・ブーム化」が進展していた。[11]薗田碩哉によると、高度成長期において自由に使えるお金（可処分所得）が増加し、それを使いこなすための新たなメニューが「レジャー」として宣伝されたと指摘する。[12]そうした「レジャー・ブーム」の具体的な内容として、「ボウリングのような都会でのゲーム、ハイキングやスキーなどの野外活動、自動車の普及とともにドライブが「かっこいいレジャー」の代表として宣伝され」たのであった。[13]

ベースボール・マガジン社でも『ヨット&モーターボート Illustrated』（一九六三年創刊）や『ボウリングmagazine』（同年創刊）など余暇に関連した専門誌を立てつづけに創刊し、さらに「ベースボール・マガジン社発行」ながら『旅の手帖』（一九六五年創刊）という観光雑誌まで対象を拡大していた。『旅の手帖』創刊の背後には、一九六四年の海外渡航の自由化や、大ベストセラーとなった小田実『何でも見てやろう』（河出書房新書、一九六一年）の存在があった[14]。

レジャー・ブームのなかで創刊された雑誌で特筆すべき存在は、一九六六年に創刊されたスキー雑誌『SKIING』である。同誌の創刊号には、岡本太郎と石原慎太郎による「特集対談：芸術の創造はスキーの世界に通ず」や河野典生「少年アドルフ・ヒットラー――そのときスキーがあったら」など異色な記事が並んでおり、編集部も「従来のスキー雑誌にはみられなかったユニークなもの」であると強調していた[15]。編集理念としても、単なる技術指導ではない「考えるスキー」が掲げられた。

技術の向上は、雪の上で実際に滑らないかぎり、どんな素晴らしい技術解説を熟読しても、それで技術が向上するわけのものではありません。技術熟達は、雪の上で滑る以外にないのは当然です。

ではスキー雑誌は何のためにあるのか、ということになります。その存在意義を何に求めるかで、編集部はケンケンガクガクの論争になったというわけなのです。

スキー雑誌は技術向上と、考えるスキーヤーとしての質的向上のために、みなさんと一緒に考えてゆくものにしたいのです。人間不在の雑誌であってはなりません。ジャーナリズム界の一分野で、建設的な意見を提示する、そんな雑誌に育てたいと考えています。[16]

スキー雑誌でありながら「技術解説」に留まらず、「ジャーナリズム界の一分野で、建設的な意見を提示する」雑誌を目指すと宣言されている。

こうした「ジャーナリズム」志向は、一九六七年に創刊された『ボディビル』（一九五〇年代に刊行されていた『ボディ・ビル』とは別物）でも見て取れる。その典型は、一九六七年四月号に掲載された「三島由紀夫氏が語るボディビル談義」であろう（図6-4）。当時、作家、評論家として論壇の寵児であった三島由紀夫を誌面に登場させたのである。対談の聞き手である日本ボディビル協会理事長の玉利斉は三島を以下のように評した。

文学は勿論、数多くの芸術活動に、華麗な才能を示す、この現代日本の知識人、三島由紀夫氏は、ずばりいって世の中でいう知識人、文化人の枠にはまらない特異な人である。

かつてアンドレ・マルローがドゴール内閣の文化相に就任し、始《ママ》めて記者会見にのぞ

ボディビル連載対談②

三島由紀夫氏が語る

ボディビル談義

文学は勿論，数多くの芸術活動に，華麗な才能を示す，この現代日本の知識人，三島由紀夫氏は，ずばりいって世の中でいう知識人，文化人の枠にはまらない特異な人である。

かつてアンドレ・マルローがドゴール内閣の文化相に就任し，始めて記者会見にのぞんだ時，フランスの現代青年をどうして陶冶するかとの質問に「書物とパラシュートによって」と答えたそうだが，私は三島さんと話しているうちにその言葉を思いだした。三島さんの話しは，マルローの一語以上に知性におぼれないたくましいエネルギーに満ちていた。

「知行合一」という言葉が東洋にはあるが三島さんは真に現代社会に，知性と行動の一致を求めて，そのためにボディビルを実践しているたくましい人だ。もし日本に文化省が設置されるなら三島大臣の実現を期待するのは私一人ではあるまい。

<作　家>
三　島　由紀夫氏

日本ボディビル協会理事長
<ききて>　玉　利　　　斉

図6-4　ボディビル誌における三島由紀夫の登場
(『ボディビル』1967年4月号)

んだ時、フランスの現代青年をどうして陶冶するかとの質問に「書物とパラシュートによって」と答えたそうだが、私は三島さんと話しているうちにその言葉を思いだした。三島さんの話しは、マルローの一語以上に知性におぼれないたくましいエネルギーに満ちていた。

「知行合一」という言葉が東洋にはあるが三島さんは真に現代社会に、知性と行動の一致を求めて、そのためにボディビルを実践しているたくましい人だ。(17)

「東洋的な知行合一」としてボディ

ビルを説く三島の存在は、一見、四章で紹介した一九五〇年代の「アメリカ的な男らしさ」を提示していたボディビル誌のあり方としては対照的であるが、むしろ「書物とスポーツ」を接続する啓蒙志向としては通貫していた。

竹内洋は、単なる口舌の徒とみなされがちな知識人が、自らの言説に説得力を帯びるためには「受難体験としての箔付け」が必要性であったと指摘する。[18] 竹内はその例として三島を取り上げながら、三島がボディビルに傾倒した理由について「知識人のアキレス腱でも「意志の力や性格の強さ」を鍛錬しようとしたものである」と論じる。つまり三島にとって、ボディビルは虚弱な知識人ではないことをアピールするための「箔付け」を意味していた。逆にいえば、ベースボール・マガジン社にとっては、自らの雑誌に文豪を飾ることで「箔が付く」のであって、知識人の言論によって読者を啓蒙しようとする雑誌の理念はベースボール・マガジン社の啓蒙志向を体現するものであった。

2. 一般分野へのスピンオフ

「スカッとした生き方」の提示

ジャーナリズム志向は、スポーツ誌に留まらずいよいよ一般誌の刊行へ向かうこととなる。一九六五年、「プレイボーイ誌に対抗[19]」する男性誌として『FIVE 6 SEVEN』が創刊された。恒文社の名義で刊行された創刊号には、中田耕治「プレイボーイ・ライセンス」を巻頭に、テディ片岡「君はダマされている」や小松左京の「盗まれた味」などが並ぶ。社史によると「個性と夢と若さにあふれる雑誌」、「あなたに女性の視線があつまる、どこでもあなたが話題の中心、あなたの雑誌」を謳い文句とし「軟派ものから硬派ものまで盛りだくさん」の内容だったとされているが[20]、当時の読者欄では「われらサラリーマンに、F6Sでしか教授してくれないような、知性?と教養?にあふれたページを取り上げてほしい」として以下のような投書も見られる。

毎号愛読していますから、一つお願い。男性の注目を浴びる〈女の子〉はもちろんですが、ほかにCARとGUNを毎号、グラフ入りで載せてください。CARなら、ジェームズ・ボンドの愛車、アストン・マーチン007号等を、コナゴナに分解しちゃって紹介するとか。（中略）なんとか、小生の願いを聞いてください[21]。

男性誌『FIVE 6 SEVEN』を手にとる読者の関心のなかでは、車とミリタリーも連続していたのである。編集者も返答のなかで先述した『GUNマガジン』を紹介している。そうした声は、実際に「Ｆ６Ｓ技術講座 オートバイでカッコよく」（一二月号）、「Ｆ６Ｓカー教室 世界名車物語」（一二月号）などの自動車やバイクを扱った企画として反映された。一方で、当時のベトナム戦争を論じた小室寛・木村譲二「南ベトナムに明治維新が起こっている」（三月号）や読書を扱った「キミの頭をよくする読書術」（六月号）、テディ片岡「子供の頃に読んだ本を、もういちどよもう」（一二月号）など、社会問題や読書文化も取り上げられた。

月刊誌であった『FIVE 6 SEVEN』はその後、「愛読者諸氏のご要望にこたえ」る形で、[22] 一九六五年末より『週刊Ｆ６セブン』として週刊誌化に踏み切った（図６-５）。週刊化に際しての案内では「あなたをシビらせるホットニュース！日本のプレイボーイに贈る…若さを楽しむテクニックがいっぱいの新週刊誌誕生」、「ダンディな男性の新週刊誌をあなた

図6-5　『週刊F6セブン』創刊の告知
（『FIVE 6 SEVEN』1965年12月号）

のために編集」、「本誌を読んで魅力ある現代青年になろう[23]」といったコピーが記載されるなど、若い男性向けであることが強調された。

同誌の週刊誌化の背景には、出版界における青年向け週刊誌の台頭があった。阪本博志が指摘するように一九六四年に創刊された『平凡パンチ』(平凡社)は、「若い男性を対象にした日本で初めての週刊誌であり、異性・車・ファッションをテーマにし、誌面の発するメッセージが消費に結びついていた」「広告媒体」として注目を集めていた。[24]そうした状況のなかで週刊誌化された『週刊F6セブン』は、『平凡パンチ』および一九六六年に創刊された『プレイボーイ』(集英社)と並んで、当時の『出版年鑑』では「男性雑誌時代を形成した[25]」と評されている。

『週刊F6セブン』創刊号では「特集〈魅力学教室〉キミの行動に魅力を作ろう」、「大学対抗マージャンリーグ戦」などが企画され、当時の『出版年鑑』でも「大衆娯楽雑誌」に分類されていたように、消費志向の娯楽雑誌とみることもできる。

ただ啓蒙志向の面からベースボール・マガジン社および池田の出版理念を検討してきた本書では、同誌を単なる消費志向の大衆娯楽誌として片づけることは出来ない。当時の読者欄では以下のような投書が掲載された。

新しい男性の週刊誌《F6》が誕生することを、広告で知り大いによろこんでいます。というのはボクは、どちらかというとマジメ学生（高三）なので、いままで教科書しか知らず、わずかに漫画などを読んで、息抜きをしていました。しかしボクも来年は大学生（合格の自信あり）。そろそろスカッとした遊び方や生き方を知らなければ――と思っていた矢先に、〝キミの行動に魅力を作ろうという〟文字がとびこんできたのです。(26)

男性週刊誌を標榜した『週刊F6セブン』には「教科書」には載っていないような若い男性向けの「スカッとした遊び方や生き方」の提示が期待されていた。もちろんそこに「知への愛着や憧れ」を読み取ることは難しい。だが、内容はどうであれ、読者に「生き方」と示すという形式面においては、啓蒙志向が維持されていたとみることもできよう。

論壇への接近

男性向け週刊誌を刊行する一方で、ベースボール・マガジン社を母体とする恒文社は一九六七年には硬派な論説誌『潮流ジャーナル』を創刊した（図6-6）。『週刊F6セブン』が男性週刊誌として一定の注目を集めていた傍らで、『潮流ジャーナル』も創刊に際しては出版界でも関心が寄せられていた。当時の『日本読書新聞』では同誌を以下のように紹介している。

恒文社では、新しい総合週刊誌「潮流ジャーナル」を四月中旬にり《ママ》創刊する。対象は三十才前後までの青年層。編集方針は、政治経済から文学芸術にいたるまで、今日的な問題について、解釈とアカデミックな意味づけをあたえるだけでなく、問題そのものの持つ論理とその発生風土にまで迫って行こうというもの。連載ものとして、小田実の評論「現代思想と行動を語る」（中略）国際情勢記事も多面的に扱い、海外のニューレフトの運動なども意欲的にとりあげて行く方針という。[27]

『週刊Ｆ６セブン』同様、読者対象は「青年層」に向けられたが、その内容は「政治経済から文学芸術にいたるまで、今日的な問題」を扱う論壇誌であり、『朝日ジャーナル』の対抗馬と目された。[28] 創刊号の表紙には、新たに東京都知事となった美濃部亮吉が飾り、評論として都知事選で美濃部を擁立した経済学者の高橋正雄「革新都政の実現をどうみるか」や田中角栄へのインタビュー記事「空に伸びる都市計画」、小田実「個人は無力か（歩き・考え・話す）」が並ぶなど、政治家・知識人らによる評論を中心とした誌面構成が採られた。それ以降も、家永三郎「明治百年記念事業をどう見るか――その思想状況を批判する」（第二号）、

（右）図6-6-1　『潮流ジャーナル』（1967年5月28日号）
（左）図6-6-2　『潮流ジャーナル』創刊の告知
（『週刊ベースボール』1967年5月1日号）

篠田浩一郎「ド・ゴール、サルトルの応酬——ベトナム裁判禁止をめぐって」（第二号）、丸山邦男「象牙の塔の奇妙な大学自治論」（第三号）など政治・社会・思想を扱う論壇誌として刊行された。

　創刊号の読者欄では「『潮流ジャーナル』へ期待する」として二一歳の学生より、「週刊誌ブーム」のなかでの同誌の役割について以下のような声が寄せられている。

　氾濫する週刊誌を、いざ手にしてみると、毅然とした個性をもった週刊誌は本当のと

> ころ少い。大衆社会状況へ全く埋没したものと、既存の文化的権威へ安易に依存に《ママ》したものと、両極端に分断しているのが、ありのままの週刊誌文化の実情ではないだろうか。
> その実情をみるにつけて、何か別のかたちで、この分裂を統一する週刊誌が欲しい、というのがぼくの望みであり、その意味で『潮流ジャーナル』がその欲求を満たしてくれることを期待したい。(29)

創刊号巻頭の読者欄に据えられたこの投書は、単に一読者の声というよりも、編集部がむしろ積極的に提示したい意見としてみなすべきであろう。つまり『潮流ジャーナル』は、「週刊誌文化の実情」が「大衆社会状況へ全く埋没したものと、既存の文化的権威へ安易に依存したものと、両極に分裂している」なかで、「この分裂を統一する週刊誌」としての役割を自負していたのである。

ただ興味深いことに、読者欄では政治・社会問題に関する投書とともに、「大衆社会状況へ全く埋没した」若者世代への若者自身による批判が目立つ。大学進学率の上昇に伴い「娯楽週刊誌的人間」としての学生が増加する状況について二〇歳の学生からの以下のような投書が掲載されている。

「今の学生は学問をしない」とよく言われる。確かに、私立大学の乱立によるマスプロ化によって、現代の平均的学生の知性は、戦前のそれより低下しているかもしれない。しかし私はあえて言いたいのだ。「今の学生も学問をやっている」と。とかく学問をしている学生は地味で、学問をしていない学生的人間の影に隠れてしまっているように思われる。服装を気にし、本・ノートは鞄にも入れず手で持ち、電車の中ではスポーツ新聞を読む。話題は遊びのことばかり。(30)

「今の学生も学問をやっている」と強調するこの読者は、一方で大衆週刊誌やスポーツ新聞を読む同世代の「学生的人間」の顕在化を批判している。では、「学問をしていない学生的人間」とは対照的に、「学問をやっている」と自負する学生読者層が「知性」として求めたものは何であったのか。二一歳の学生は以下のように読者欄で説いていた。

週刊誌読者の多いのも、モーニングショーの人気も、ことごとくこのインスタント時代を生存していくための、欠くべからざるエレメントであるということに思い至ると、私は恐ろしくなる。〝流されまい〟という姿勢は、いつの間にか〝遅れまい〟と変わっていく。週刊誌文化の繁栄もそれと無縁ではない。(中略)私はなぜ、生半可な知識を得るために、断片的な論文につきあわなければならないのかという懸念につき当たる。私がここで提案したいのは、生活のテンポが早くなればなるほど、努めてゆっくり歩き、たとえてみればすぐに役立たなくても、地道な、本質に迫るような読書をすべきではなかろうかということである。そうして物質文明時代に対処していくしか救われる道はないような気がする。[31]

「インスタント時代」を象徴する「週刊誌文化」との対比で、彼らが「知性」として強調したのが「読書」であった。こうした声は、「教養主義の没落」を迎えたキャンパスからの悲鳴でもあった。竹内洋が指摘するように、一九六〇年代後半に大学進学率は二〇％を超え、それまで社会的なエリートとしての進路を保証されていた大学生の地位は揺らぎ始めるなかで、学歴エリートへの憧れを求心力とした教養主義の規範もその存立基盤を失いつつあった。[32]「読書」の重要性を説く声が『潮流ジャーナル』の読者欄に盛んに掲載されえたのは、後述するように池田の教養主義文化へのシンパシーがあったからであろう。

『潮流ジャーナル』の存在は社史にも明記されておらず、文字通り「埋もれた雑誌」ではあるが、そこには一九六〇年代において衰退の兆しを見せ始めた教養主義のあり様が映し出されている。

「空白を埋める」東欧文化の紹介

では、池田が「教養」に据えようとしたのはいかなるものであったのか。恒文社の刊行からうかがい知れるのは、池田が冷戦時代における東側の社会・文化・芸術にただならぬ関心を寄せていたことである。

『週刊F6セブン』と『潮流ジャーナル』を刊行していた一九六七年、恒文社は『スプートニク』を刊行している。米ソの宇宙開発競争において世界で初めて打ち上げに成功したソ連の人工衛星の名を冠した同誌は、ソ連の月刊誌の「日本版」であった。[33]『スプートニク』の編集方針について、同誌の編集後記では以下のように綴られている。

『スプートニク』はダイジェスト誌である以上、ソ連の数多くの新聞、雑誌、その他の刊行物のベストをコンデンスした記事であることはいうまでもありません。政治、経済、科学をはじめ、文学、芸術、スポーツ、娯楽と、あらゆる部門にわたって、ソ連国民の——ひいてはわれわれ外国人にとっても——現時点においてもっとも関心深い話題が紹介されます。[34]

「ダイジェスト誌」であった『スプートニク』は、先行するアメリカの情報誌『リーダーズ・ダイジェスト』（一九二二年創刊、日本版は一九四六年より）を模した誌名構成を採り、「政治、経済、科学をはじめ、文学、芸術、スポーツ、娯楽」と多様なジャンルについての簡潔な評論記事や解説記事が多く掲載された。実際、当時の『読売新聞』の雑誌評では「『リーダーズ・ダイジェスト』ソ連版といったところ。宣伝臭はまったくなく、気楽な読み物がつまっている。ソ連も開けたものである」と言及されている。(35)

形式的には『リーダーズ・ダイジェスト』と同一の体裁を採りながら、誌面内容はソ連に関する話題が多数を占め、創刊号ではV・ポツネル「われらの街モスクワ」やV・ヴァンシツコフ「現代精神病を診断する」など現地のライターによる記事を中心に構成されていた。ソ連を扱う狙いについて、編集後記では以下のように述べられている。

『スプートニク』はいわばソビエトの縮図です。ソ連といえば、いまだに鉄のカーテンに仕切られた不可解な国、共産主義の押しつけ以外に、言論の自由はないというのが、大方の考えのようでありますが、ご覧のとおり、『スプートニク』には、押しつけがましい宣伝臭さのかけらも見られません。むしろあらゆる人間に共通の関心事が強調されています。『スプートニク』は鉄のカーテンを開いて、ソ連の有りのままの姿を紹介する雑誌です。(36)

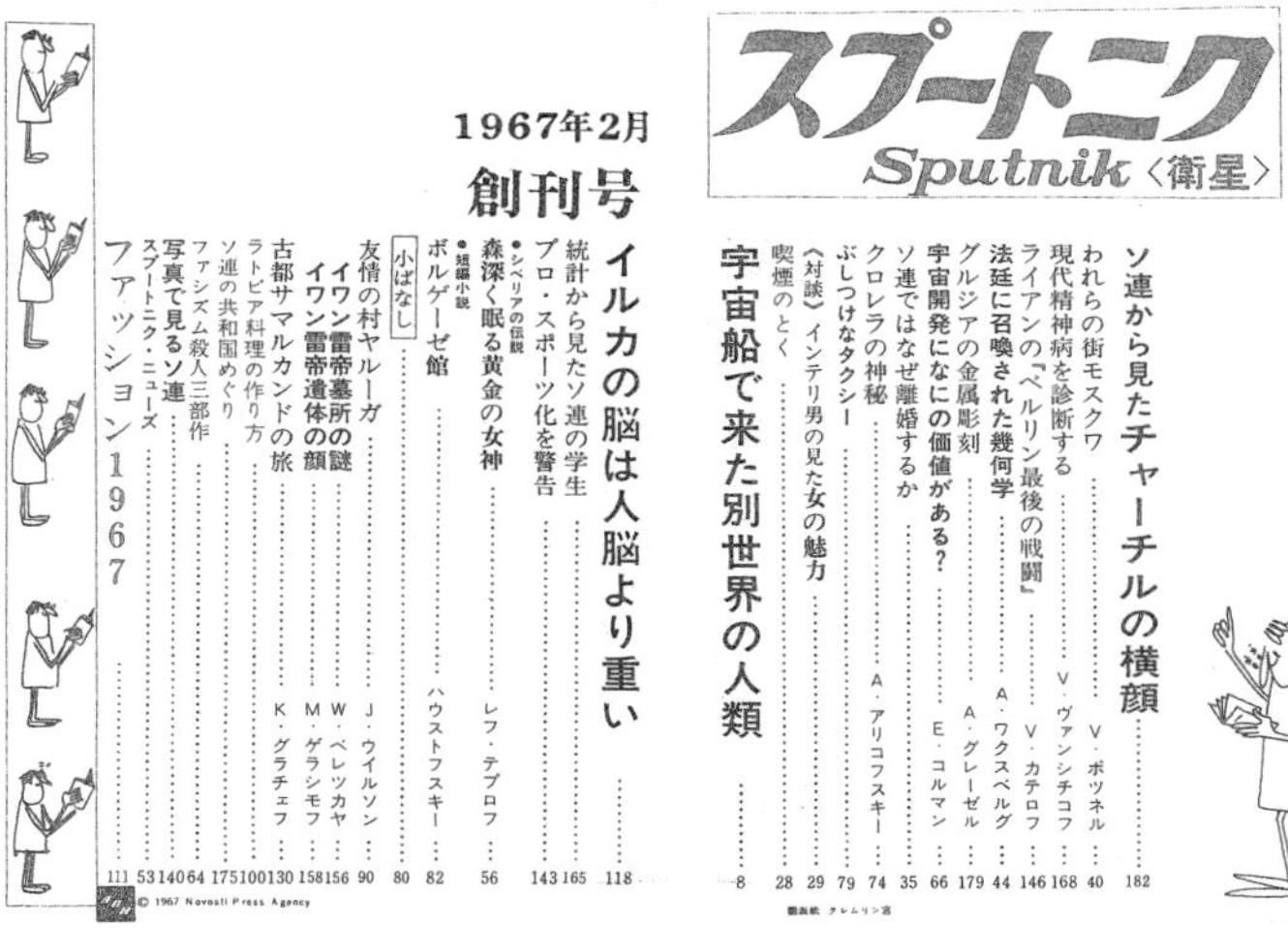

スプートニク
Sputnik〈衛星〉

1967年2月
創刊号

© 1967 Novosti Press Agency

（上）図6-7-1 『スプートニク』創刊号の目次
（『スプートニク』1967年2月号）
（左）図6-7-2 『スプートニク』の宣伝広告
（『週刊ベースボール』1967年3月6日号）

こうして一九六〇年代、恒文社では『スプートニク』だけでなく、積極的に東側の出版物を紹介していった。『スプートニク』の広告欄において、大々的に宣伝されていたのが恒文社より刊行された『現代東欧文学全集』である。一九六六年から一九六九年にかけて全一五巻に渡って刊行されたこの全集は、監修をかつて『ベースボール・マガジン』にもたびたび登場していた中野好夫をはじめ、阿部知二、木村彰一、徳永康元といった著名な文学者が担当し、社史によると「各巻別の作品論には中村真一郎、野間宏、井上光晴、安岡章太郎、開高健ら高名な作家を動員した(37)」。その狙いについて、社史では以下のように池田の語りが掲載されている。

これまでの世界文学全集は、世界文学と名づけていても必ずしも世界の文学を紹介しているとはいえません。ほとんどが英、独、仏の文学で、いわば西欧文学全集にすぎません。世界にはすぐれた文学が未紹介のまま、まだ数多く残っています。日本人にとっては未知の宝庫である豊かな世界文学の空白を埋める第一歩として本邦最初の現代東欧文学全集を刊行します(38)。

「世界文学の空白を埋める」というフレーズは、実際の『現代東欧文学全集』の広告でも使用された。[39]既存の「世界文学」は「西欧文学」と同義であり、池田は冷戦期において「鉄のカーテン」に閉ざされた東側の文学・芸術の紹介に出版事業の活路を見出したのである。

他にも『スプートニク』の広告欄には、全五巻の絵画集『エルミタージュ芸術館』が宣伝されている。「世界に誇るソビエト・エルミタージュ美術館の豪華な絵画集」は、「わが国で初刊行の未公開コレクション絵画全集・ソ連、チェコ両政府の協力で現地のカラー撮影・近代的センスをもつ装幀と堅牢豪華を誇る造本」で各巻一万三〇〇〇円もの価格で販売された。[40]監修には、富永惣一、西脇順三郎、谷川徹三など、池田と交流のある美術史家、文学者が名を連ねた。

こうして冷戦期において、「出版界の空白を埋める」べく恒文社は東側に関する出版物を多数刊行していった。[41]そもそも池田が東欧に着目した契機は、東京オリンピックにあった。池田自身、「私はスポーツ出版のほかに、東欧文化の紹介にも力を入れておるんですが、これもきっかけはスポーツからでした」と述べているが、オリンピック開催に際してスポーツ指導書を収集するために東欧へ訪れた際、スポーツ以外の面でも人脈を広げることになったと池田は回想する。


東欧の国をいろいろと回っていると、「自分たちは誇り高い文化を持っているが、日本に発表する機会がない。ぜひ東欧の作品を出版して、文化交流に努めてほしい」と熱望されてね。[42]

『スプートニク』やその他東欧関係の出版事業は、スポーツ出版の延長でなされたものであった。換言すれば、池田のなかでスポーツ出版と一般の社会・文化に関する出版は別個のものではなく、一定の連続性を持つものであった。

東側といえば左派的な思想を想起させるが、池田の東欧関連の出版はそのような左派的な思想性は確認できない。社史においても池田の思想性に関する言及はなく、また池田の実の娘である工藤美代子は「そこには思想的な背景は全くなかった」、「父は社会主義などに興味はなかったし、自分自身は資本主義の申し子のような人間だった」とさえ述べている。[43] 実際、池田自身もベースボール・マガジン社の一九六二年刊行の『図書目録』の巻頭言として、スイスを訪れた際の体験をもとに以下のように述べている。

とくに四十七万の人口のチュリッヒの街に百十数の体育館があった。ひとたび事あらば、国の人口の一割に及ぶ人々が、ただちに銃をとって立てるように、つねづね準備されているのだ。

中立というものは、与えられるのではなく、自分の力で守ることなのだ、と教えられた。平和であり、自由である、この国のために、心身ともに壮健であらねばならないのだ、と教授は話を結んだ。

自分の国の平和と自由のために、身命をなげうって悔いのないような情熱をかきたててくれる政治のあることを、私は、ひとごとながら羨しく思った。しかし、わたしたちは日本人たることをやめることはできないのだ。まず、政治をあげつらう前に、自ら日本国民たるに恥じないであろうか、と反省してみるとき、まことに忸怩たる思いがする。

とにかく、わたしたちが心身を壮健にしておくことこそ、国を愛する一つの道であり、それがわたしたちの体育、スポーツの出版の仕事とつながって行くものであることを知ると、任務の重大さに、ますます胸を打たれるのである。(44)

再軍備が懸念された一九六〇年の安保闘争から冷めやらぬ状況下で、国防のための体育とスポーツ出版の重要性を池田は述べている。こうした池田の語りから読み取れるのは、左派的思想というよりは、むしろそれとは対極の政治志向であろう。その意味で恒文社による東欧関連の出版は、思想性や政治的志向とは関係なく、池田が抱く啓蒙志向の理念と調和的であったと考えられる。「世界文学の空白を埋める」というように冷戦期の日本ではあまり知られていない東欧文化の紹介は、読者に「価値あるもの」を指導する啓蒙志向を実践する絶好の機会であった。

3．啓蒙志向の蹉跌

「英文学もわかるし、美術もわかる」

ベースボール・マガジン社および恒文社によるスポーツ雑誌から社会・文化出版への派生していく過程を見てきたが、最後にスポーツ誌から一般誌への「スピンオフ」の背景を改めて検討したい。

なぜベースボール・マガジン社は、一介のスポーツ出版社であるだけでは良しとせず、専門外の領域の出版物まで手掛けようとしたのか。そこには、ベースボール・マガジン社と恒文社を運営していた池田恒雄が抱く「教養」への畏敬や一流出版社への憧れがうかがえる。

池田は新潟県の魚沼という「田舎育ち」で、故郷に愛着を抱きながら、向学心が強く、早稲田大学の英語科に進学する。当初は「英文学を自分のライフワーク」にしようと思っていたと池田自身語っており、池田の実の娘である工藤美代子も池田について、「自分こそが西脇に続く、母校が輩出した有名人だという自負が」あり、「父はこの先輩に憧れていた節が見られる。自分も絶対に英語を身につけるのだと決心していた」と述べている。[45]

ここで「西脇」というのは、同郷の英文学者・西脇順三郎である。社史においても西脇への記載がある様に池田は西脇への尊敬を隠さなかった。[46] 池田自身、西脇について以下のように述べている。

> よく西脇先生とご一緒させていただきましたが、いろいろなお話をうかがった。シェークスピアに話が及んで「シェークスピアを勉強するにはヨーロッパの文学が分からなければだめだ。ハムレットはデンマークだし、ベニスの商人はイタリーだ。その国の文学が《ママ》その国の文字で読まなければならない」と話していました。[47]

池田も学生時代に英文学書を原書で読んだことに誇りを持つ教養主義者であり、岩波文化へ憧れていた。「自分の会社をどうしても岩波書店や文藝春秋みたいに、一般書も出せる出版社として認められるように育てたかった」と工藤はいう。[48] 池田は、スポーツだけではない「一流出版社」への憧れを抱いていた。それは、池田自身が「『野球如きを生涯の仕事に…』という思い」があったと述べ、また工藤にも「俺はな、ただの野球雑誌屋のオヤジじゃないぞ。英文学もわかるし、美術もわかる。野球だけが俺の仕事じゃない」と語っていたことからもうかがえよう。[49]

ここには教養主義的スポーツ出版のあり方が浮かび上がる。つまり一般誌や文学、美術など路線拡大は、池田の「教養」への愛着や憧れによって突き動かされていたのである。「右手に朝日ジャーナル、左手に平凡パンチ」ならぬ「右手に潮流ジャーナル、左手にF6セブン」を目指しつつ、出版界の「空白を埋める」として東側の刊行物を紹介するなど、啓蒙志向の理念は通底していた。現に、図6-6や図6-7のように『潮流ジャーナル』や『スプートニク』等の刊行告知が、『週刊ベースボール』など当時のスポーツ雑誌の誌面上で繰り返しなされていたことは示唆深い。とりわけ『潮流ジャーナル』にいたってはその創刊の理念が、創刊前から『週刊ベースボール』において詳細に語られるなど、スポーツ雑誌上で積極的に宣伝が行われた。そこには、論壇誌にスポーツ雑誌を読む読者をも引き込もうとするベースボール・マガジン社と池田の狙いが見て取れる。もちろん、どこまで読者の側がその期待通りに『潮流ジャーナル』を手にとったかは分からない。ただ、少なくともベースボール・マガジン社と池田は、スポーツから政治や社会、文化への接続を試みていたのである。

その意味で、池田にとっての「教養」の価値は、スポーツのみに閉じない社会・文化への関心をいかに担保できるかにかかっていた。だからこそ、スポーツ出版だけでは飽き足らずに、週刊誌や論壇誌、その他さまざまな雑誌出版事業を展開していったのであった。それは社会的な関心を常に喚起し、「スポーツだけを楽しめばよい」という消費的な態度への歯止めとなっていた。

社会・文化系雑誌の休刊

だが、急速な事業の拡張によってベースボール・マガジン社の経営は逼迫した。一九六七年末に同社は倒産危機に瀕し、会社更生法の申請を行っている。社史によると「姉妹会社・恒文社の急速に拡大した積極的な出版事業が所期の目的にいたらず、蹉跌をきたした」という[50]。「日本で唯一の、体育とスポーツの発展に直結する理論書、技術書を刊行してきた出版社だけに「法的な保護によっても再建に値する会社である」という関係者の意向が理解され」、倒産は免れたものの、結果的には『週刊F6セブン』や『潮流ジャーナル』などの恒文社刊行の雑誌は休刊を余儀なくされ、ベースボール・マガジン社による従来のスポーツ雑誌のみ（『週刊ベースボール』、『陸上競技マガジン』、『相撲』、『サッカーマガジン』など）を存続させることとなった。その詳細が、三年後の一九七〇年に刊行された鈴木敏夫『出版』で紹介されている。「一〇月に起こったベースボール・マガジン社（＝恒文社）の破綻は、それまでの同社がすこぶる派手な活躍をしていた有名版元だけに、業界をアッとおどろかせました」と鈴木は述べたうえで[51]、ベースボール・マガジン社の債権者会議の状況を以下のように記している。

この債権者会議での中心議題はもちろんベースボール・マガジン社の再建をするかどうか、もし再建するとしたらどういう方針をとるかに集中されましたが、その結果『週刊ベースボール・マガジン《ママ》』をはじめ同社の従来からの相撲、陸上競技、サッカー、プロレス、ゴルフ等は十分利益をあげられる刊行物ということで、これらを存続させることにより再建も可能であるという経営陣の再建方針を了解、一応再建の第一歩を踏み出すことになったものでした。[52]

ベースボール・マガジン社の倒産危機は、スポーツと社会を接続させようとしてきた教養主義的スポーツ出版社の転換点でもあった。上記のような債権者会議での「再建方針」に従い、以後、ベースボール・マガジン社ではスポーツ専門誌やスポーツ専門書籍の刊行に専念し、恒文社もまた書籍の刊行に限定するなど、論壇誌や週刊誌などのようにスポーツと政治・社会へのつながりを喚起する雑誌刊行を展開していくことは見られなくなる。今日に至る「スポーツ出版社」としてのベースボール・マガジン社の路線は、この倒産危機を経て確固たるものとなったが、それは同時に啓蒙志向の蹉跌でもあった。

注

（1）ベースボール・マガジン社編『志──ベースボール・マガジン社創立七〇周年』（ベースボール・マガジン社、二〇一六年）七七頁（非売品）。
（2）同上。
（3）荒川章二『全集日本の歴史第一六巻──豊かさへの渇望』（小学館、二〇〇九年）一二一─一二二頁。
（4）出版ニュース社編『出版年鑑一九六一年版』（出版ニュース社、一九六一年）六二頁。
（5）出版ニュース社編『出版年鑑一九六〇年版』（出版ニュース社、一九六〇年）九八頁。
（6）拙稿「『戦闘機』への執着──ミリタリー教養主義の成立と戦記雑誌の変容」（福間良明、山口誠編『「知覧」の誕生──特攻の記憶はいかに創られてきたのか』柏書房、二〇一五年）二八五─三二二頁。
（7）「編集後記」（『GUNマガジン』一九六五年二月号）八九頁。
（8）「出版だより」同上、八九頁。同欄では「発行人・池田社長は、四、五年前からGUNの雑誌を出版したい希望を持っていた。これが今回、出版することに決まり、ガンの知識のない私どもがGUNマガジンの編集をやることになった。このため射撃協会、狩猟会、鉄砲店、その他関係者の方々に多大のご迷惑をおかけしてしまった。それにもかかわらず、快くご指導、ご援助をいただき、ここにようやく発売できるまでにこぎつけましたことを深く感謝する次第です。なお今後ともよろしく、ご指導、お力ぞえをいただければと思っております。また、この雑誌では大きなA4変形版を使用、皆さんにも喜んでいただけるものと確信しております。これを機会に全国のガン・マニア、射撃マン、狩猟会員の方々にも誌面を提供し、狩猟会ニュース、コミックなこぼれ話をいただき、内容面でも充実させていきたいと念願いたしております」（八九頁）と綴られている。

（9）吉見俊哉「ポスト戦争としてのオリンピック――一九六四年東京大会を再考する」（『マス・コミュニケーション研究』第八六号、二〇一五年）一九―三七頁。
（10）「会員募集：ベースボール・マガジン社スキースクール」（『スポーツ・マガジン別冊』一九六三年一一月号）一三六―一三七頁。
（11）荒川章二『全集日本の歴史第一六巻　豊かさへの渇望』（小学館、二〇〇九年）一七二頁。
（12）薗田碩哉「余暇」（渡辺潤編『レジャー・スタディーズ』世界思想社、二〇一五年）二二頁。
（13）同上。
（14）一九六〇年代における海外旅行の状況については、山口誠『ニッポンの海外旅行』（ちくま新書、二〇一〇年）を参照。
（15）「編集後記」（『SKIING』一九六六年一集）一四六頁。
（16）同上。
（17）『ボディビル』（一九六七年四月号）二七頁。
（18）竹内洋『革新幻想の戦後史』（中央公論新社、二〇一一年）一八二頁。
（19）『FIVE 6 SEVEN』（一九六五年三月号）九四頁。
（20）ベースボール・マガジン社編、前掲注1、八八頁（非売品）。『FIVE 6 SEVEN』という誌名の由来については、社史によると「六つのFとは、新鮮な（FRESH）、夢のある（FANCY）、事実を見つめる（FACT）、自由な（FREE）、強烈な（FIERCE）、未来を探る（FUTURE）」であり、「六つのFを求める」ことが看板に掲げられたという（八七―八八頁）。
（21）「Five 6 Seven Adviser」（『FIVE 6 SEVEN』一九六五年四月号）九四頁。
（22）『FIVE 6 SEVEN』（一九六五年一二月号）九四頁。
（23）同上。

（24）阪本博志『『平凡』の時代──一九五〇年代の大衆娯楽雑誌と若者たち』（昭和堂、二〇〇八年）一九二頁。
（25）出版ニュース社編『出版年鑑一九六七年版』（出版ニュース社、一九六七年）八七頁。
（26）「F6スクエア」（『週刊F6セブン』一九六五年一一月六日号）九〇頁。
（27）「出版トピックス」『日本読書新聞』（一九六七年四月一七日号）。
（28）出版ニュース社編『出版年鑑一九六八年版』（出版ニュース社、一九六八年）八五頁。
（29）「読者から」（『潮流ジャーナル』一九六七年五月七日号）一一頁。
（30）「読者から」（『潮流ジャーナル』一九六七年五月二八日号）一三頁。
（31）「読者から」（『潮流ジャーナル』一九六七年五月一四日号）一二─一三頁。
（32）竹内洋『教養主義の没落──変わりゆくエリート学生文化』（中公新書、二〇〇三年）二〇六頁。
（33）『スプートニク』は現地で発行されている同名誌の「日本語版」であったとはいえ、編集後記では「ソ連の創刊号もこの日本版とほとんど時を同じくし」「日ソ同時編集、同時発行」である旨が示されていた（『スプートニク』一九六七年二月号、二〇六頁）。
（34）同上。
（35）『読売新聞』（一九六七年五月二二日夕刊）。
（36）前掲注33。
（37）ベースボール・マガジン社編、前掲注1、九八頁（非売品）。
（38）同上。
（39）『スプートニク』（一九六七年二月号、広告欄）頁数無し。
（40）同上。
（41）一九六〇年代、恒文社では東欧関係の出版と並んで、小泉八雲に関する書籍の出版も積極的に行っていた。一九六四年に全一二巻に渡る平井呈一訳『全訳・小泉八雲作品集』を刊行し、社史では東欧文学と並んで「恒文社の二本柱」と位置づけられている（ベースボール・マガジン社編、前掲注1、九三—九四頁）。

（42）池田恒雄「ふるさと人物伝——スポーツと出版一八」（『新潟日報』一九九五年一月三一日夕刊）。

（43）工藤美代子『それにつけても今朝の骨肉』（筑摩書房、二〇〇六年）一三四頁。

（44）池田恒雄「心身共に壮健に…」（ベースボール・マガジン社編『図書目録一九六二』ベースボール・マガジン社、一九六二年）頁数無し。

（45）池田恒雄「白球に夢乗せて」（『ふるさと人物伝①』新潟日報事業社、一九九六年）六〇頁。および工藤、前掲注43、七三—七四頁。

（46）ベースボール・マガジン社編、前掲注1、一三五—一三六頁（非売品）。

（47）池田、前掲注42。

（48）工藤、前掲注43、一四七頁。

（49）新潟県立小千谷高等学校編『小千谷高等学校百年史』（恒文社、二〇〇三年）七三九頁。および工藤、前掲注43、一四七頁。

（50）ベースボール・マガジン社編、前掲注1、九五頁（非売品）。

（51）鈴木敏夫『出版——好不況下　興亡の一世紀』（出版ニュース社、一九七〇年）四七九頁。

（52）同上、四八二頁。

終　章　教養主義的スポーツ雑誌の時代とその終焉

本書では、戦時期から一九六〇年代末までのスポーツ雑誌の変遷について、ベースボール・マガジン社をはじめとして池田恒雄が携わった出版事業に着目しながら見てきた。終章では総括として、スポーツ雑誌と結びついた「教養」の変容過程を、啓蒙志向の盛衰およびメディア史の観点から整理する。そのうえで、一九六〇年代末までのスポーツ雑誌文化が、今日的なスポーツとメディアの関係を問ううえで、どのような社会的な機能をもっていたのかについて検討したい。

スポーツ出版における戦時と戦後

一九六〇年代までのベースボール・マガジン社の出版事業は、読者に「教養」を提示しようとする啓蒙志向の展開として特徴づけることができる。戦後、池田恒雄によって設立されたベースボール・マガジン社ではあるが、啓蒙志向のルーツは戦時中、編集長として池田が携わっていた『野球界』に遡る。

池田が編集長に就いた一九三七年当時の『野球界』は、早慶戦に沸く女性読者の存在を強調するファン誌としての性格を色濃く出していた。しかし、日中戦争の勃発など戦時体制へと社会が突入していく過程で、総力戦体制下におけるスポーツの「意義」を説く指導的な雑誌へと転じた。

ともすればスポーツの存在が否定されかねない非常時において、『野球界』はスポーツの「社会的な意義や理念」を説く論説を積極的に掲載した。特にアメリカ発祥の野球は、戦時下の社会において「敵性スポーツ」として「排撃論」が沸き起こるなかで、『野球界』では排撃論への「抵抗」として「野球がいかに戦争に役立つか」が盛んに論じられた。ただし、注意すべきは「野球を残すべく、相撲を民族的な国技であるという一枚看板にして、そのかくれみので」『相撲と野球』、『相撲界』へと改題していったように[1]、雑誌運営において戦時体制への「抵抗」と「協力」は表裏一体であった。軍部官僚からの介入のなかで、「国防国家体制」という時局の論理をスポーツ評論において読み替えながら、『野球界』は何とか雑誌を運営していくための活路を模索していったのであった。

ここで興味深いのは、戦時期のスポーツ雑誌には「スポーツの意義」を指導する延長で、「教養や思想の育成」が期待されていた点にある。スポーツを社会的な理念と結びつけて読者へ指導する啓蒙志向のスポーツ雑誌のあり方は、「国防国家」体制下におけるスポーツの「役割」が問われた戦時期において成り立ったものであった。

さらにいえば、戦時に成立した啓蒙志向は、戦後のスポーツ雑誌においても「国防国家」から「民主主義」へと標題を替えながら引き継がれていった。「国防国家」論から「民主主義」論へと内容的には変化しながらも、スポーツを通して社会的な理念を指導する啓蒙志向としての形式は戦時と戦後で連続していたのである。(2)

学歴エリートに触れる体験

こうしたスポーツ雑誌の啓蒙志向に本書が注目してきたのは、それがただ池田をはじめとした雑誌の作り手側の一方的な意向だったわけでなく、それを支える読者が戦後初期まで確かに存在していたからである。

戦後初期における『ベースボール・マガジン』は、内村祐之をはじめとする文化的エリートによるスポーツ批評を積極的に掲載する誌面構成に特徴づけられる。池田が掲げる啓蒙志向は、スポーツ言論界のイデオローグのみならず、分野外の知識人や文化人をスポーツ雑誌の誌面に登場させたことにあらわれている。書き手であるエリートにとってはあくまで「余技」に過ぎなかったが、編集者の池田は大学教授という「肩書」を盛んに強調するなど、学歴エリートが語ることにこそ意味を見出し、読者もまた「教養」体験としてありがたがったのである。ではなぜ、読者は「教養」を書物からではなく、わざわざ野球雑誌を通して得ようとしたのか。そこには、大学キャンパスでの教養主義とは異質な、「読むスポーツ」としての教養主義のあり方がみえてくる。

一般読者にとっては、難解な学術書ではなく、ポピュラー文化として馴染み深い野球を扱う雑誌だからこそ、学歴エリートの論稿を受容することができたのである。そこから浮かび上がるスポーツ雑誌における「教養」の規範とは、読者が「インテリ気分に浸る」、すなわち「知的なものに触れる」体験であった。

もちろん、そうしたスポーツ雑誌上での「教養」の規範は、先述したように哲学・文学・歴史などの人文学の書物を読んで人格陶冶を図る大学キャンパスでの教養主義文化とは質的に異なるものであった。だが、終戦間もない当時の状況を鑑みれば、大学キャンパスでの教養主義を後背として、西田幾多郎の全集ブームや福間良明が検討している人生雑誌など雑誌・出版界において大衆的な教養主義が花開いた時期でもあった。(3) スポーツ雑誌における「インテリ気分に浸る」体験としての教養主義は、こうした大衆的な教養主義の動きとも重なるものであった。そこでは、スポーツを個人的な趣味や消費のレベルではなく、「民主主義」や「修養主義」など何らかの社会的な価値と結びつけて捉えようとする規範が共有され、読者欄では啓蒙志向を支持し、自らも「硬派な論文調の投稿」を積極的に行う読者の存在がみられた。

とはいえ、当時の野球雑誌のあり方が必ずしも啓蒙志向のみで説明できるわけではない。『野球少年』(尚文館)の前に早々と休刊へと追い込まれた『ジュニア・ベースボール』(『ベースボール・マガジン』の弟誌)にみてとれるように、『ベースボール・マガジン』の啓蒙志向が少年読者世代には十分に受け入れられなかった。

『野球少年』を刊行していた尚文館はその後一九五〇年に芳文社へと改組し、マンガ雑誌出版へと舵を切っていくわけだが、少年雑誌文化として重要な点は、瓜生吉則によって指摘された「想像の教導体」との関連である。「想像の教導体」とは、「作り手の側が前もって「与えるべき思想」「向かうべき目標」があり、それを読物なり記事へと加工して読者に提供する」ような、少年雑誌文化における「伝達／教導」というコミュニケーションのあり方である。[4] それは本書が取り上げてきたベースボール・マガジン社の啓蒙志向とも重なる点がある。瓜生は、活字読物からマンガへと重心を移し、『週刊少年ジャンプ』が覇権を握っていく戦後の少年雑誌文化の変遷に「想像の教導体」の退潮を読み取るのだが、『ジュニア・

ベースボール』の休刊は、啓蒙志向としての「想像の教導体」的な雑誌のあり方が既に少年読者への訴求力をもたなくなっていたことを示している。その意味で、戦後初期における啓蒙志向とその背後にある「インテリ気分に浸る」体験には、世代的な偏りが存在していた。

「教養」を紹介する場

そもそも初期の『ベースボール・マガジン』やその後のベースボール・マガジン社刊行の雑誌・出版物において積極的に学識者が起用された背景には、池田恒雄自身が抱く教養への愛着や畏敬がうかがえる。

一九一一年生まれの池田は、新潟県南魚沼で同郷である英文学者の西脇順三郎に憧れ、学生時代より英文学の書物に触れていた。大学進学を機に上京するも、父の事業の失敗により苦学生として早稲田大学へ通いながら雑誌出版業に関わるようになった池田は、結果的に『野球界』の編集長として博文館へ就職することになるが、当初こそ英語・教育系の出版社への就職が内定していた。この時期は、折しも大正教養主義が旧制一高や東京帝大で形成される時期と重なっていた。池田自身は一高・帝大という教養主義の震源にいたわけではないが、英文学をライフワークとして志すなど、当時の大正教養主義の影響を少なからず受けていた様子が見て取れる。

竹内洋が指摘するように、エリート学生にとっての教養主義は帝大文学部を「奥の院」とするキャンパス文化であり、「パンを食べるための学問」＝「実学」に対して、あくまで「虚学」を学ぶ文学部にアイデンティティを持つことで刻苦勉励的に書物を読むような規範であった。その背後には、農村出身で相対的に貧困層が多い「帝大文学士」が抱く上昇志向が存在したことが指摘されているが[5]、農村出身で貧しいなかで学業を修めようとする点などは、雪深い新潟県南魚沼出身で「苦学生」だった池田が過ごした学生時代の状況とも少なからず重なるものがある。

教養主義との関連では、岩波茂雄および岩波書店の影響こそ、池田の出版理念を読み解くうえで重要であろう。教師から出版人へと転じた「脱線教育者」であった岩波茂雄は、正統傍系の学歴コースを歩むなかで、アカデミズムの「知」を人口に膾炙する「文化の配達夫」としての役回りを自負し、岩波書店での出版事業を展開していった[6]。岩波への尊敬をしばしば口にしていたという池田の啓蒙志向もまた、出版を通して「知」としての「教養」を紹介しようとするものであった。内村祐之や谷川徹三、小泉信三といった学識者との交流をことあるごとに語っていた池田の様子からは、池田自身の「教養」への特別な思い入れが見て取れる。

その意味で、啓蒙志向としてのスポーツ雑誌の機能は、まさに「教養」を紹介する場の提供にあった。一九五〇年代以降のベースボール・マガジン社の他競技・他分野への拡大は、啓蒙志向を発揮する場を模索していった過程としてみることができる。週刊誌化などによって野球雑誌上では受け入れられなくなっていく啓蒙志向を、池田は様々な分野の雑誌を開拓することで維持しようとしていた。こうしたベースボール・マガジン社の出版のあり方は、スポーツに「教養」的価値を読み込もうとする「読むスポーツ」の規範と、それに付随する知識人や岩波書店への愛着や畏敬に根差したものであった。

ガリ勉でもなく、体育系でもなく

ただし、ベースボール・マガジン社の雑誌のあり方は、単に大学キャンパスでの教養主義の影響だけで説明できるものではなく、むしろスポーツ文化との関連において重要な意味を持っていたのである。

これまで教養主義研究においては、スポーツと教養は対立関係として捉えられてきた。確かに竹内洋が指摘するように、教養主義の「奥の院」である帝大文学部では、「スポーツ嫌い」としての性格が学生にはみられた。だが、一方でスポーツの側からみれば戦後の一頃まで は、大学こそがスポーツを行うことのできる場として、オリンピックへ出場するようなアスリートを輩出する機能を担っていた。高等教育機関の学歴エリートこそが、スポーツ文化

の主たる担い手でもあったのだ。(7)

だとすれば、帝大文学部の周囲には、読書を行いながらスポーツにも親しむような学生たちが多く存在したはずである。実際、本書で取り上げてきた内村祐之や岡野俊一郎、中野好夫らベースボール・マガジン社を支えた雑誌の論者たちは、教養主義とスポーツに接しながら学生生活を送っていた。彼らが雑誌上で綴る、読書だけを行う「ガリ勉」ではなく、かといってスポーツにのみ没入する「体育会系」でもない、エリートとしての社会的な威信を顕示する振る舞いこそが、一般の読者にとってもスポーツ雑誌に「教養」を見出すきっかけとなっていた面は見逃せない。戦後初期の『ベースボール・マガジン』では、学識者が多く登場し、読者は学問を修めながらスポーツにも親しむ「文武両道」の体現者として学識者のスポーツ論をありがたがっていた。

以上のように本書では、スポーツ雑誌における学識者の登場に着目することで、これまでの教養主義研究では見落とされていた、スポーツと教養主義の接点を明らかにした。

「文武両道」の形骸化と野球の社会的な変容

戦後初期において注目された『ベースボール・マガジン』での啓蒙志向は、高度成長期での「見る雑誌」化、さらに週刊誌化のなかで読者からの支持を失っていった。池田は、ベースポール・マガジン社、および恒文社での雑誌出版事業を通して、啓蒙志向の場を模索していった。だが、それらは多くの読者から受け入れられたとはいえず、ベースボール・マガジン社は一九六〇年代末には倒産危機を迎えた。その後、ベースボール・マガジン社および恒文社において、スポーツ誌以外での目立った雑誌刊行は見られなくなった。

啓蒙志向が支持を得なくなった背景には、高度成長期における学歴エリートのインフレ化の影響が大きい。一九五〇年代からの大学進学率の上昇に伴い、エリートと大衆との階層や意識の差が融解していった。「知」＝学歴エリートへの畏敬や憧憬を喚起していた啓蒙志向と、それを支えた「教養」の価値規範は、大学生が「エリート」ではなくなることで存立基盤を失った。竹内が指摘するように、「ただのサラリーマン予備軍」に過ぎなくなった学生は教養を必要としなくなり、教養知と技術知は乖離していった。[8] それとパラレルに、推薦入試、一芸入試といった大学の制度の変化によって、教養とスポーツを同時に求める「文武両道」も空虚な規範として形骸化せざるをえなくなっていった。

こうしてスポーツ雑誌においても、学識者の存在や彼らの堅苦しいスポーツ批評は読者から支持されなくなっていった。その過程で、ベースボール・マガジン社では野球など人気の競技を扱うものは週刊誌化へと舵を切った。こうした週刊誌化は、同時代におけるスポーツ新聞やテレビといった、速報性に秀でた「ニューメディア」の台頭も後押しした。スポーツ雑誌の「読む雑誌」としてのあり方は、「見る媒体」の登場によって差異化・機能特化がなされるのではなく、むしろスポーツ雑誌も速報的なメディアとしての機能を担おうとした。ただ、こうしたスポーツ雑誌の「見る雑誌」としての視覚的・速報的メディアへの順応こそが、かえって今日的なスポーツ出版の斜陽化を招く遠因となったようにも見える。

スポーツ週刊誌の困難については、大井廣介の指摘がメディア論として興味深い。大井は、一九六七年の『週刊ベースボール』の五〇〇号記念に際して寄せたコラムのなかで、同誌のあり方を以下のように評する。

> 野球では週刊誌は主流たり得ず、おおむね月刊誌より短命で、本誌を残すきりになった。出版社としては、スポーツ出版王から一般出版界へ着々足場を築きつつあるという処だが、本誌一誌に限っていうならば、月刊誌『ベースボール・マガジン』のいさおしを伝える要素が、もす《ママ》こし多くてもよくはないかと思う。日刊誌《ママ》と競争するような記事では迅速さでかないっこなく、逆に其処に活路と個性を見出すべきではないか。[9]

大井が指摘するように、雑誌は媒体としての性格上、スポーツ新聞やテレビには「迅速さでかないっこない」ため、視覚化・速報化を基調としたスポーツ週刊誌はメディアのなかで二次的な存在にならざるをえない。ただし、編集者の立場からすれば『週刊ベースボール』の視覚化・速報化は、当時の出版界の動向を踏まえるとやむを得ない面もあったといえよう。『週刊ベースボール』の読者自身が「肩のこる固い読みもの」より「読者本位の読み易いもの」を求めるなかで、『週刊ベースボール』は啓蒙志向ではなく視覚的・速報的な雑誌にならざるをえなかった。

野球雑誌における啓蒙志向の棄却を促したのは、メディア環境の変化とともに、野球界そのものの変化もある。一九五〇年代に入って、日本社会における野球そのものの位置づけも変容していた。戦前期から終戦直後まではプロ野球や甲子園野球ではなく、早慶戦に代表されるように大学野球こそが圧倒的な人気を誇り、野球界での中心的な位置を占めていた。しかし、一九五〇年代に入るとテレビとの親和的な関係を持つプロ野球にその座を奪われ、「学生野球を名実共に上まわるに至った」といわれるようになる。野球雑誌上でも学生野球からプロ野球へと重心を移すなかで、学生野球に付随していた修養主義や学識者が説く「文武両道」の規範も後景に退いていった。

啓蒙志向の残滓

一方で野球以外のベースボール・マガジン社の専門競技誌は、「指導者」としての社会的な機能を担った。ベースボール・マガジン社は、文字通り野球雑誌の出版社としてスタートしながら、一九五〇年代から一九六〇年代にかけて、野球以外の種目の専門誌を積極的に刊行していった。ベースボール・マガジン社の「スポーツ総合出版社」としての拡大の背後には、その受け皿となる国民のスポーツへの要求の高まりが存在した。とりわけ、一九五〇年代における東京オリンピック招致活動の進展と開催への期待は、ベースボール・マガジン社の出版事業の拡大を後押しするものであったといえよう。一九六四年大会の開催に向けて一九五七年より招致対策委員会が設置されるなど、その準備が本格化していくなかで、ベースボール・マガジン社はオリンピックの社会的な期待を生み出していくような雑誌刊行を行っていった。

その特徴は、新聞やテレビなどのマス・メディアで取り上げられないスポーツにも光を当てた点にあった。野球や相撲のように大衆化していない専門競技誌は商業ベースに乗りにくかったが、池田は「犠牲出版」を惜しまないとして、雑誌刊行を通じて「マイナースポーツ」を積極的に紹介しようとした。その読者からは以下のような投書が寄せられている。

ご承知のように、北海道の北辺の地では、内地の関東、関西のスポーツ中心地とちがって、刺激のあるバレーボール競技や、よい試合を見聞きする機会に恵まれていません。よい指導者もいないままに部員でいろいろ討議、研究して技術の習得と向上を計っているわけです。とはいっても我々の知識には限りがあるので、ある程度以上に進歩しません。(中略)このような時に、貴社のバレーボール&バスケットボールが出版されて、我々に光明を与えました。よき指導書を得たことをよろこんでいます[10]。

とりわけ地方の読者にとっては、指導者にも恵まれないなかで、雑誌こそが「よき指導書」としての役割を担っていた様子が誌面からはうかがうことができる。人々のスポーツ欲求が高まりを見せる高度成長期において、啓蒙志向としてのベースボール・マガジン社の雑誌刊行は、マス・メディアには載らないスポーツの愛好者にとっての拠り所となっていた。

このようにベースボール・マガジン社発行のスポーツ雑誌内でも、「教養」を見出す駆動因はそのスポーツの社会的な位置づけやメディア環境によって異なり、「マイナースポーツ」を取り上げる専門誌においては啓蒙志向が残存していた。メディア論の視点を踏まえれば、週刊誌化が可能なほどポピュラリティーを得ている野球雑誌に対し、月刊がやっとのサッカー雑誌などでは速報性よりも抽象度の高い内容が適合的であった。こうしたスポーツの社会的な位置とそれに伴う雑誌の性格によって、誰が語るのかという論者の選択や何を語るのかという内容も規定された。サッカー雑誌上では「マイナースポーツ」としての劣等感ゆえに、協会関係者が積極的に登場し、サッカーの社会的な価値を語ろうとした。それに対して、野球雑誌上では社会に定着した野球の価値や意義を今さら語る必要はなくなり、「スター選手」個人の情報を基調としたのである。[11]

背伸びの媒体

現在のスポーツ雑誌界では啓蒙志向を掲げ、「教養」との結びつきを明示するような雑誌出版のあり方は見られなくなったが、本書で見てきたベースボール・マガジン社の雑誌理念とその受容の様子は、戦後の雑誌文化や今日のスポーツとメディアの関係を考える上で示唆的である。

序章でも触れたように、これまでメディア史研究においてスポーツ雑誌は視野の外に置かれてきた。その背景には、スポーツがそもそも「気晴らし」や「遊び」であって、論じるには値しない対象としてみなされてきた面もあろう。その一例としては、マス・コミュニケーション研究の古典的な論文であるウィルバー・シュラム「ニュースの本質」が挙げられる。シュラムは、人々がニュースに求める期待やニュースに向き合う態度を「快楽原理による即時報酬」と「現実原理による遅延報酬」とに区別する。[12]「快楽原理による即時報酬」はスポーツや犯罪・汚職報道を指し、読者は危険や緊張に自ら巻き込まれることのない「身代わりの経験」を即自的に楽しむ。その一方で、「現実原理による遅延報酬」は政治・経済的な問題などを指し、読者には「現実社会」と向き合う「気構え」を強いるが、そうした「気構え」によって「現実の世界に引きずり込まれて、苦しい努力のすえ、ようやくその現実の世界に自分を適応させることを可能にする」[13]。

ただし、スポーツ報道への期待を「快楽原理による即時報酬」という視点からみるだけでは、本書でみてきたように池田がスポーツ雑誌に学識者を登場させ、東大の精神科医である内村祐之が野球をアメリカの近代社会のモデルとして描き、その論稿を読者が積極的にありがたがるという、一連のスポーツ雑誌を通じた「教養」を見出そうとするコミュニケーションのあり方は十分に説明できない。もちろん、シュラム自身も、「快楽原理による即時報酬」と「現実原理による遅延報酬」の区分は、あくまで人々のニュース選択を説明するための理念型であることは認めている。だが、スポーツ報道を「快楽原理による即時報酬」に位置付けようとする認識自体が、スポーツの「気晴らし」や「遊び」としての性格を強調してきたともいえよう。

たしかに、文化史の視座からスポーツの本質を「遊び」として捉えるホイジンガやカイヨワの議論を引くまでもなく[14]、スポーツは「遊び」としての性格を有しており、雑誌を読まずともスポーツは楽しめる。しかし、本書で取り上げた池田恒雄やスポーツ雑誌の書き手や読者たちは、「遊び」であるはずのスポーツにわざわざ「教養」を期待していた。いわば「快楽原理による即時報酬」ではなく、あえて「現実原理による遅延報酬」としてスポーツ雑誌に接していたのである。それは、スポーツをただ「遊び」として楽しむだけでは良しとせず「教養」を求める態度、言い換えればスポーツをあえて「現実原理による遅延報酬」として読み込むような「背伸び」の規範といえよう。

本書では、メディア史研究やスポーツ社会学では埋もれていた、スポーツに「教養」＝「遅延報酬」を見出そうと背伸びする人々の存在に光を当ててきた。そこには、雑誌というメディアの性格が大きく関わっている。スポーツを「遊び」として楽しむだけでは飽き足らず「教養」を見出そうとする背伸びの規範は、編集者と読者のコミュニケーションの場としての雑誌ゆえに共有されたものであった。読者投稿欄などを設けている雑誌は、同じ関心を有する者どうしの「想像の共同体」を生み出す機能を有する。ベースボール・マガジン社の雑誌は、スポーツを語りながら自分たちの「教養」を共有し、スポーツをめぐるアイデンティティを確認し合うメディアであった。そのような背伸びの規範は、対象がマスに開かれた幅広い新聞や、反対に個人に閉じた書籍ではなく、特定の読者に対して編集者がコミュニケーションを図る雑誌の形式ゆえに共有可能となったのである[15]。

読者に背伸びの姿勢を求める、ベースボール・マガジン社と池田の啓蒙志向は、先述したように教養主義の人文学的な「知」を後背とすることで、もはやスポーツを扱うだけでは飽き足らず、スポーツから政治・社会・文化への関心へと拡大していった。池田が「英文学もわかるし、美術もわかる。野球だけが俺の仕事じゃない」と、『朝日ジャーナル』に対抗する論壇誌や、『リーダーズ・ダイジェスト』を模倣するソ連の情報誌などを刊行した背景には、啓蒙志向としての教養主義に基づく背伸びの規範が存在した。スポーツを人文学的な「知」の文脈で読むことを求めるベースボール・マガジン社のあり方には、戦後の雑誌文化におけるスポーツと教養主義の接点が垣間見えよう。

専門性と大衆性の架橋

スポーツ雑誌という媒体における「教養」の含意をより明確にするために、繰り返しにはなるが、最後に改めて『ベースボール・マガジン』の「見る雑誌」化をめぐる議論を検討したい。本書では一九五〇年代初頭の「見る雑誌」化をスポーツ雑誌の転機として注目してきたが、「見る雑誌」化がただちに『ベースボール・マガジン』における啓蒙志向の後景化に直結したわけではなかった。例えば江藤文夫は、むしろ「見る雑誌」としての『ベースボール・マガジン』にこそスポーツ雑誌としての可能性を見出していた。江藤は、一九六七年の『日本読書新聞』の連載コラム「戦後をつくる」内で五回にわたって『ベースボール・マガジン』および『週刊ベースボール』を取り上げている。そのなかで、江藤は内村祐之が解説していた「分解写真」を例にしながら、以下のように説いていた。

「ベースボールマガジン」が戦後いち早くグラビアページを設けたのは、スポーツ誌としての性格にもとずいてのこととはいえ、戦後の〝見る雑誌〟の誕生に大きな貢献をしている。一方でスポーツのダイナミズムを多くのファンに伝えるとともに、もう一方で、〝野球を科学する〟ためにこのグラビアページが生かされていることに、注目する必要があろう。とくに打撃フォーム・投球フォームの分解写真は、戦後急速にふくれ上がった野球人口を背景に、これらのファンの技術指導の役割を果した。(16)

江藤は当初、「見る雑誌」としての『ベースボール・マガジン』に「みる野球とする野球」、「大衆性と専門性」との両立を期待していた。「当事者（プレーヤー）と観察者（評論家）との、双方の眼の衝突」の必要性を江藤は説いた。その典型として、内村によるアメリカ野球選手の写真解説とともに挙げるのが、創刊当初に掲載された三宅大輔「野球を科学せよ」であった。江藤は、内村や三宅の記事が掲載されていた初期の『ベースボール・マガジン』に、即時的で短期的な「人気消費」とは異なるスポーツ・メディアのあり方を見ていた。

三宅大輔の「野球に科学せよ！」という提起にこたえるものは、この三原論文のみでなく、前述のグラビアページや内村祐之のアメリカ野球の紹介などにも見ることができるが、さらに同誌は野球界の内部からだけでなく、外部から新しい評論家たちを発掘し、野球界の内と外とを結ぶ作業を意識的におこなっている。大井広介《ママ》、竹内半平等の評論家たちである。そのことで同誌は非専門の眼をその専門分野のなかにもちこみ専門領域における研究を、外に〝開いた〟視野の内部で深めようとした。[17]

本書が検討してきたのは、スポーツ雑誌のあり方としての「大衆性と専門性」、あるいは「みるスポーツとするスポーツ」をめぐる、池田をはじめとした編集者や読者たちの議論であった。各時代のスポーツ雑誌上ではそれぞれに「大衆性と専門性」、「みるスポーツとするスポーツ」の矛盾や対立が語られてきたが、そのとき両者の視点を架橋するものこそが「背伸びの規範」としての「教養」であった。換言すれば、江藤や前述の大井が指摘する「初期の『ベースボール・マガジン』が持っていた勲し」とは、個別のスポーツ種目の内部に閉じずに、スポーツを取り巻く社会や文化といった外部へと開こうとする「背伸びの規範」といえるものであった。そして、「大衆性と専門性」、「みるスポーツとするスポーツ」を接続する「背伸びの規範」は、読者への指導性を強調し、積極的に知識人を登場させる啓蒙志向の雑誌というメディア特性によってこそ支えられていた。

戦後日本社会におけるスポーツ雑誌の変遷とは、こうした「大衆性と専門性」、「みるスポーツとするスポーツ」の緊張関係が突き崩され、野球誌や相撲誌では「大衆的なみるスポーツ誌」となり、陸上などでは「専門的なするスポーツ誌」へといったように、いずれかに特化していく過程であった。

読む＝語る場としての雑誌

背伸びの規範が共有された雑誌の読者欄では、編集部が困惑するほどに啓蒙志向を内面化し、自らも「硬派な論文調の投稿」を積極的に投稿する読者の存在が見られた。スポーツに「教養」を求めて読み込む態度は、同時にスポーツを自ら語る欲望を促していったのである。このような「読む」ことと「語る」ことが相互作用する、いわば「読む＝語るスポーツ」は、テレビや書籍ではなく、濃密なコミュニケーションの場としての特性を持つ雑誌というメディアにおいて可能となった。(18)

戦後初期の『ベースボール・マガジン』などで見られた「読む＝語るスポーツ」は、一九八〇年代以降におけるスポーツ雑誌界に登場した『スポーツグラフィック・ナンバー』（文藝春秋）やプロレス誌における「活字プロレス」といった、今日まで続くようなスポーツ批評のあり方にも一定のつながりを持つものである。一九八〇年代以降のスポーツ雑誌界では、「活字で表現されたプロレス物語」として『週刊プロレス』などで展開された「活字プロレス」や、山際淳司「江夏の二一球」などのノンフィクションを掲載した『スポーツグラフィック・ナンバー』が注目を集めた。「活字プロレス」や『スポーツグラフィック・ナンバー』でのスポーツ批評は、テレビや新聞とは異なる文脈で、雑誌独自のスポーツの表現方法を強調し、読者もまたそれらを過剰に「読み込む」ことでスポーツファンとしてのアイデンティティを獲得していった[19]。雑誌上で共有された「教養」の規範は、読者にとって自らの愛好する趣味を「読み語るに値する文化」や「学ぶべき知」として正統化する役割を担ったのである。その意味で、戦後初期における『ベースボール・マガジン』などでみられた「読む＝語るスポーツ」は、「語る」ことと「読む」ことが相互に絡み合うような、一九八〇年代以降に登場したスポーツ雑誌文化の萌芽として位置づけることもできよう[20]。

一方で、『スポーツグラフィック・ナンバー』に代表される今日のスポーツ雑誌では、ともすれば「スポーツ選手個人の人間ドラマ」として選手や監督といった「個人の心理」に焦点が当てられ、社会的な文脈の下でスポーツの理念を問うような誌面構成は見られなくなった。そこには、『スポーツグラフィック・ナンバー』の初代編集長の岡崎が語っているように、一九七〇年代以降、スポーツが教育的な文脈から離れ、個人の「ライフスタイル」とし

て認識されてきた背景がある。(21)

かつてベースボール・マガジン社が展開していた啓蒙志向としての雑誌出版のあり方は、スポーツに閉じず、むしろ社会・文化的な関心へと積極的に接続させようとするものであった。スポーツに閉じない態度を求め続ける啓蒙志向は、裏を返せば社会のなかでのスポーツの位置づけを絶えず問い直すことにもつながったのではないか。(22) 個別種目の技術やトレーニング法に特化するわけでもなく、かといって、スポーツを「個人の人間ドラマ」として受容するのでもなく、そこから公的な社会のあり方や「知的なもの」を論じようとする営みが存在していたことは、ともすれば自明視されがちな現代社会におけるスポーツの語り方を相対化し、それがどのように形成されてきたのかについて示唆を与えるものである。

注

(1) 池田恒雄「スポーツ雑誌とともに三〇年（一〇）」（『ベースボール・マガジン』一九六〇年一〇月号）二一六頁。

(2) また、そもそもスポーツにおける「国防国家」論と「民主主義」論も決して切り分けられるものではない。ジョージ・モッセが指摘するように、「国防国家建設」のためのスポーツ実施が重要視され、公的祝祭としてのスポーツイベントが開催されたファシズム期こそ、人々がスポーツを通して「国民としての政治空間への参加」を意識した、民主的な時代であったことは留意すべきであろう（ジョージ・モッセ／佐藤卓己、佐藤八寿子訳『大衆の国民化――ナチズムに至る政治シンボルと大衆文化』柏書房、一九九四年）。

（3）人生雑誌については、福間良明『「葦」「人生手帖」――勤労青年が渇望した教養と人生雑誌」（佐藤卓己編『青年と雑誌の黄金時代――若者はなぜそれを読んでいたのか』岩波書店、二〇一五年、三七―八一頁）、および福間良明『「働く青年」と教養の戦後史――「人生雑誌」と読者のゆくえ』（筑摩選書、二〇一七年）を参照。

（4）瓜生吉則「〈少年―マンガ―雑誌〉という文化」（井上俊編『現代文化を学ぶ人のために（全訂新版）』世界思想社、二〇一四年）一五四―一五五頁。

（5）竹内洋『教養主義の没落――変わりゆくエリート学生文化』（中公新書、二〇〇三年）。

（6）佐藤卓己『物語 岩波書店百年史2――「教養」の時代』（岩波書店、二〇一三年）。

（7）石坂友司「学歴エリートとの誕生とスポーツ――帝国大学ボート部の歴史社会学的研究から」（『スポーツ社会学研究』第一〇号、二〇〇二年、六〇―七一頁）。

（8）竹内、前掲注5、二〇八頁。

（9）大井廣介「球界時評 歴史の蓄積」（『週刊ベースボール』一九六七年九月二五日号）四四頁。

（10）『バレーボール&バスケットボール』（一九五九年一〇月号）六六頁。

（11）情報量の少なさゆえに促される雑誌との親密な関係性については、スポーツ雑誌に限るものではない。長﨑励朗「『ロッキング・オン』――音楽に託した「自分語り」の盛衰」（佐藤、前掲注3）は、音楽雑誌『ロッキング・オン』の変遷を整理しながら、同誌における「濃密かつ同質性の高い趣味縁的公共圏」が、一九八〇年代以降に崩壊していった要因を「余白の問題」として考察している。長﨑は一九七〇年代半ばまでミュージシャン自体の情報がなかったからこそ、「当時のロックやミュージシャンは、ほとんど白紙に近い形で、受け手のアイデンティティを仮託するメディアとして機能していた」（二一三頁）と指摘している。一九八〇年代以降「情報量が増えたにもかかわらずではなく、情報量が増えたからこそ「音楽語り」は衰退した」（二一三頁）と論じる。

(12) ウィルバー・シュラム「ニュースの本質」（ウィルバー・シュラム編／学習院大学社会学研究室訳『マス・コミュニケーション――マス・メディアの総合的研究』東京創元社、一九六八年（改編新版））二二〇―二四一頁。シュラムが提起したニュースの分け方は、今日のメディアの状況を考える上でも興味深いものがある。佐藤卓己は、二〇一二年のロンドン・オリンピックに際し新聞誌面が期間中、政治・社会問題をなおざりにし、スポーツ報道一色に染まる様子を取り上げ、シュラムの議論を援用しながら「快楽原理による即時報酬」を追い求める「スポーツ新聞」化として批判している（佐藤卓己『災後のメディア空間』中央公論新社、二〇一四年、七八―七九頁）。このように、スポーツを「快楽原理による即時報酬」として捉える視点は今日のニュース報道のあり方を捉える際にも説得的である。

(13) 同上、二二三頁。

(14) 「遊び」として捉えるスポーツ文化論については、ホイジンガ／高橋英夫訳『ホモ・ルーデンス』（中央公論新社、一九七三年）、ロジェ・カイヨワ／多田道太郎、塚崎幹夫訳『遊びと人間』（講談社学術文庫、一九九〇年）を参照。

(15) 新聞と書籍の「中間的」な雑誌のメディア特性については、佐藤卓己「ミディウム文化としての「青年＝雑誌」」（佐藤、前掲注3）に詳しい。

(16) 江藤文夫「戦後をつくる〈一一〉：ベースボールマガジン④アマチュアとの接点」（『日本読書新聞』一九六七年一一月一三日）。

(17) 同上。

(18) 「読む」と「語る」が絡み合う雑誌独自のコミュニケーションのあり方は、スポーツ雑誌に限られたものではない。瓜生吉則「読者共同体の想像／創造――あるいは、「ぼくらのマンガ」の起源について」（北田暁大、野上元、水溜真由美編『カルチュラル・ポリティクス1960/70』せりか書房、二〇〇五年、一一四―一三四頁）では、一九六〇年代後半のマンガ雑誌『COM』における「「読む」ことと「描く」こととが「不離一体」なものとして溶け合う悦楽」（一二八頁）が指摘されている。

（19）「活字プロレス」については、山野井健五「「活字プロレス」という名の装置」（小田亮、亀井好恵『プロレスファンという装置』青弓社、二〇〇五年、二七―五〇頁）に詳しい。

（20）こうした雑誌を媒介にして成立する「読む＝語るスポーツ」のあり方は、従来のスポーツ社会学における「見るスポーツ」の視点を捉えなおすものとなろう。これまでスポーツ社会学などでは、自らが主体的に参与する「するスポーツ」との対比で、マス・メディアなどを介した大衆の受動的なスポーツ消費として「見るスポーツ」を位置づける傾向にあった。だが、本書で見てきたような、スポーツ雑誌に「教養」を読み込み、自らも積極的にスポーツを語ろうとする態度は、これまで商業主義や消費文化の文脈において一元的に論じられてきた「見るスポーツ」の視点を相対化するものであろう。

（21）岡崎満義「世の中変わればスポーツ誌も変わる」（『総合ジャーナリズム研究』一九八〇年春季号）五二―五六頁。

（22）スポーツを社会との関係のなかで問おうとしたスポーツ雑誌の規範は、ライト・ミルズの「社会学的想像力」を想起させる。ミルズは個人の私的な生活状況を、社会的・歴史的文脈のもとで問う思考を「社会学的想像力」と呼び、社会学者の資質としたが（ライト・ミルズ／鈴木広訳『社会学的想像力』紀伊國屋書店、一九八五年）、スポーツの「価値や意義」を社会的な文脈のなかで論じようとしてきたベースボール・マガジン社の雑誌は、今日のスポーツ・メディアでは見落とされた社会学的想像力についてわれわれが考えるための素材となろう。

巻末資料　ベースボール・マガジン社・恒文社刊行雑誌一覧（1946年-1970年）

誌名	創刊年月	休刊年	刊行形態	備考
『ベースボール・マガジン』	1946年5月		月刊	巻号は1958年創刊の『週刊ベースボール』へ引き継がれる。1965年に一度休刊後、72年に季刊として復刊するも74年に休刊。その後1977年に再度復刊。
『ジュニア・ベースボール』	1948年1月	1950年4月	月刊	1949年9月号から1950年1月号までの間、一時『少年の野球』へと改題。
『ベースボール・ウィークリー』	1948年3月	1948年	週刊	
『陸上競技マガジン』	1951年8月		月刊	
『ゴルフmagazine』	1952年6月	1997年10月	月刊	創刊時は関東プロゴルフ協会機関誌。
『相撲』	1952年2月		月刊	大日本相撲協会機関誌。1949年より『ベースボール・マガジン』増刊号として刊行。
『卓球スポーツ』	1952年7月	1954年2月	月刊	1953年より『卓球マガジン』へ改題。
『プロレス』	1955年11月		月刊	1957年より『ボクシング・マガジン』と合併し、『プロレス＆ボクシング』として刊行。1972年より分離し、再度『プロレス』として復刊。1983年より週刊化。

『ボディ・ビル』	1955年12月	1959年4月	月刊	
『女性美』	1956年11月	1957年1月	月刊	
『登山とスキー』	1956年5月	1956年10月	月刊	
『ボクシング・マガジン』	1956年6月		月刊	1957年より『プロレス』と合併し、『プロレス&ボクシング』として刊行。1972年より分離し、再度『ボクシング・マガジン』として復刊。
『体育とスポーツ』	1957年10月	1959年8月	隔月刊	1960年に『OLYMPIA』へと改題。
『別冊相撲』	1957年10月	1967年9月	不定期	1966年刊行確認(隔月刊へ)。
『週刊ベースボール』	1958年4月		週刊	『ベースボール・マガジン』巻号を引き継ぐ。
『週刊スポーツ・マガジン』	1959年2月	1959年5月	週刊	
『ジャイアンツ』	1959年5月	1959年8月	週刊	
『カープ』	1959年6月	1959年7月	週刊	
『タイガース』	1959年6月	1959年9月	週刊	
『ドラゴンズ』	1959年6月	1959年9月	週刊	
『ライオンズ』	1959年5月	1959年11月	週刊	

『スポーツ・マガジン』	1959年6月	1966年2月	月刊	1973年より同人誌が発刊されるも巻号は引き継がれていない。
『バレーボール&バスケットボール』	1959年6月	1960年1月	月刊	
『記録映画』	1958年8月	1959年1月	月刊	教育映画作家協会が編集。
『OLYMPIA』	1960年7月	1965年1月	隔月刊	『体育とスポーツ』より改題。
『最新自動車読本』	1960年4月	1962年12月	月刊	その後『CARマガジン』へ改題。
『小学校の体育』	1960年4月	1963年10月	月刊	
『中学校の体育』	1960年8月	1964年6月	月刊	
『バレーボールマガジン』	1962年7月	1963年10月	月刊	
『CARマガジン』	1963年1月	1967年6月	月刊	
『ヨット&モーターボート　Illustrated』	1963年8月	1963年10月	月刊	
『ボウリングmagazine』	1963年6月	不明	季刊	1963年刊行確認。
『スポーツマガジン別冊』	1963年10月	不明	月刊	1963年刊行確認。
『プロレス&ボクシング別冊』	1963年	不明	月刊	1963年刊行確認。
『ゴルフマガジン　Illustrated』	1963年7月	1967年9月	季刊	先行の『ゴルフmagazine』とは別誌。1970年より再刊されるも、巻号は引き継がれていない。
『コーチングクリニック』	1965年1月	1966年10月	月刊	

『Gunマガジン』	1965年2月	1967年11月	月刊	
『FIVE6SEVEN』	1965年2月	1965年12月	月刊	週刊化に伴い『週刊Ｆ６セブン』へ改題。
『旅の手帖』	1965年2月	1965年6月	月刊	
『週刊Ｆ６セブン』	1965年11月	1967年10月	週刊	『FIVE6SEVEN』より改題。
『週刊スポーツ・マガジン'66』	1966年3月	1966年6月	週刊	
『サッカーマガジン』	1966年6月		月刊	準備号として『スポーツ・マガジンサッカー特集号』1966年3月号。
『水泳競技マガジン』	1966年7月	1967年11月	月刊	日本水泳連盟監修。
『SKIING』	1966年9月	1967年12月	季刊	1952年より刊行されていた『ベースボール・マガジン増刊号スキー案内』が独立したもの。休刊後は、1969年より再び『週刊ベースボール増刊号スキー案内』として刊行ののち、1984年創刊の『月刊スキーイングマガジン』へ後継。
『スプートニク』	1967年2月	1968年1月	月刊	ソ連の同名誌を輸入・翻訳。
『ボディビル』	1967年2月	1967年12月	月刊	日本ボディビル協会機関紙。
『潮流ジャーナル』	1967年5月	1967年9月	週刊	
『テニスマガジン』	1970年10月		月刊	

あとがき

本書は、ベースボール・マガジン社の系譜を整理することを通して、戦後初期のスポーツ雑誌と結びついた「教養」のあり方を明らかにしようとしたものである。そのきっかけは、筆者が修士論文で取り組んだサッカー雑誌研究に遡る。一九六〇年代から七〇年代までの『サッカーマガジン』を見ていくなかで、読者や論者がサッカーを語る際に、読書の規範などを強調する教養主義的なふるまいが持ち込まれていることに気づいた。もともと以前からスポーツ雑誌を愛読してきた筆者にとって、現在のスポーツ雑誌とは異なる誌面の様子は新鮮な体験であった。特に当時の雑誌を読み進めるなかで、サッカー雑誌上での教養的なふるまいがテレビ視聴のあり方にも影響を与えていたことに驚きを覚え、そこからメディア論として現在の雑誌とテレビの関係を問い直す知見を提示しようとした。その成果は本書の第五章「マイナースポーツ誌の屈折」として反映されているが、そこからベースボール・マガジン社全体の雑誌史を、「教養」的なふるまいとの関わりから読み解けるのではないかと構想したのである。

ただ構想段階に当たっては、かつてのスポーツ雑誌のあり方を「教養」という視点から論じることに、必ずしも確信があったわけではなかった。学会や研究会などで様々なコメントを頂くなかで、スポーツ雑誌という媒体には、もっと多様な意味が込められていたのではないかとも逡巡していた。それでも、誌面上で頻繁に語られる「教養」を手掛かりに、今日とは異質なスポーツ雑誌のあり方を浮かび上がらせることができないかと模索しながら、研究を進めてきた。そうしたなかで突破口となったのは、ベースボール・マガジン社へ実際に話を伺いに行き、資料室を案内していただいたときであった。

池田恒雄の故郷・新潟県の南魚沼にあるベースボール・マガジン社新潟支社の書籍資料室には、池田が戦前より集めていた蔵書の数々が保管されていた。ベースボール・マガジン社という戦後日本を代表するスポーツ出版社の創業者だからこそスポーツ関連の書籍が多いかと思いきや、意外にもスポーツにまつわるものは全体の四分の一ほどに過ぎなかった。むしろ大半が、哲学や歴史、社会科学、文学、芸術、また新潟県に関連する郷土史についての書籍であった。そのなかには、池田が恒文社から相次いで関連書を刊行した西脇順三郎や小泉八雲についての書物と並んで、和辻哲郎『風土――人間学的考察』（岩波書店、一九三五年）や三木清『パスカルに於ける人間の研究』（岩波書店、一九二五年）なども混じっていた。

　池田がこれらの哲学書をどこまで読み込んだのかは定かではないが、ただ少なくともこうした人文学書に興味関心があり、教養主義の文化に積極的に触れようとしていたのは確かであった。そしてそれは単に池田自身の個別的な性格だけに留まるものではない。「教養」への愛着を隠さない池田によって生み出されてきたベースボール・マガジン社の雑誌が、戦後の日本社会のなかで少なくない読者に支持され、同社は今日まで続く日本を代表するスポーツ出版社としての地位を築いた。その意味で、「スポーツを読む」という営みのなかに見出された「教養」的なふるまいは、戦後の日本社会のなかで広汎に存在していたスポーツ雑誌を手にとる人々の一面を捉えるものであろう。

　もちろん本書が扱ったのは、スポーツ雑誌の変遷と誌面上での議論に留まるものであった。そのため、「スポーツ雑誌を読む」という行為が、人々の日常的なスポーツ実践を含めて戦後社会におけるスポーツ文化全体にどのような影響をもたらしたのかまで十分に検討できたとはいいがたく、そのことは筆者の今後の課題である。それでも本書に一抹の意義があるとすれば、スポーツ雑誌と、読書文化の規範をはじめとする「教養」的な関心との結びつきに光を当てた点にあろう。スポーツ雑誌というメディアに投影された「教養」的な態度は、戦後のスポーツ文化にも一定の影響を与えるものであったといえよう。

池田自身も、当初こそ野球をはじめとするスポーツに関する出版活動にそこまで積極的ではなかった。だが、むしろ「教養」への関心があったからこそ、ベースボール・マガジン社の出版は、野球という単一の種目に閉じず、専門誌として様々なスポーツにも光を当てながら、社会や政治などの文脈からスポーツ文化の総体を捉え直すような、雑誌のあり方を模索するものであった。それらを踏まえれば、スポーツ雑誌というメディアが日本のスポーツ文化の裾野を拡げた面は少なからずあろう。

本書は、二〇一七年三月に立命館大学大学院社会学研究科に提出した博士論文に大幅な加筆修正を行ったものである。そのうち、第二章の一部および第三章は「野球雑誌をめぐる啓蒙と娯楽の拮抗：戦後初期における『ベースボール・マガジン』の変容」（『ソシオロジ』第一八六号、二〇一六年）、第五章は「戦後日本の雑誌メディアにおけるサッカー言説とその受容――『読むスポーツ』の規範と教養主義への近接」（『日本研究』第二五号、二〇一六年）を初出とする。

本書を書き上げるうえで、まず何よりもお世話になったのが福間良明先生である。福間先生には、学部ゼミのときから博士論文の主査、そして現在に至るまで一貫して暖かいご指導をいただいている。その間、福間先生は実に五冊以上ものご著書を刊行された。次々と重厚な研究をまとめていかれる先生の姿に著者は刺激を受けながら、「歴史社会学」としての研究方法を学んでいった。福間先生は一次史料を掘り起こし、丹念に読み進めていく、そうした「地べたを這う」ことの重要さをしばしば説かれるとともに、ともすれば史料に埋没しがちな筆者に社会学として史料からメタレベルで何が言えるのか、その社会的な含意は何かということをいつも熱心に問うてくださった。史料の発掘と読み込みという、一見地味な作業に拘りながら、その作業を突き詰めることによって、社会全体を貫く問題系をあぶり出していく。こうした福間先生の「歴史社会学」の視座を自分なりに咀嚼しながら研究を進め、それがどこまで実現できているかは分からないが本書は何とか完成に至った。

博士論文の副査を担当していただいた瓜生吉則先生と権学俊先生にはご多忙のなかでお時間を作っていただき、繰り返しご相談に乗っていただいた。瓜生先生は、「雑誌を読む」営みをメディア論や歴史社会学から問う意義について、いつも鋭いコメントで筆者を鍛えていただくとともに、戦後のスポーツ雑誌を取り巻く文化状況を教えてくださった。権先生にもスポーツ史研究の文脈から、雑誌が戦後日本のスポーツ文化そのものに果たした機能や影響について丁寧なご助言を頂いた。そして修士課程のときからご指導いただいている日高勝之先生、市井吉興先生、そして立命館大学の有賀郁敏先生、山下高行先生、中西純司先生、加藤雅俊先生にも、公聴会や研究会など様々な機会を通して沢山の貴重なコメントを頂戴した。

修士課程の頃より福間先生の紹介で参加させていただいている、「メディア文化研究会」の高井昌吏先生、谷本奈穂先生、前田至剛先生、山本昭宏さんにも、何度も報告を聞いていただいた。和やかだが、緊張感のある研究会のなかで展開される先生方の議論を通して、社会学やメディア研究のスタンスについて筆者は多くのことを学んだ。

佐藤卓己先生のゼミにも参加させていただいたことも、貴重な経験であった。自らの問題意識を論証可能な範囲のテーゼにいかに落とし込んでいくか、テレビのような史料的に制約のある対象を扱う際にどのような研究アプローチを採ればいいか、など様々な「知識への接近方法」について、ゼミに参加するなかで教わったことは数知れない。そして長﨑励朗さんと白戸健一郎さんにも大変お世話になった。研究会や授業で立命館にいらっしゃった機会に、論文を見ていただけないかという筆者の不躾な相談にも、快くお時間を作っていただき、どのようにすれば「面白い」論点を提示できるかをアドバイスしていただいた。

また立命館大学の先輩である松島剛史さん、西原茂樹さん、塩見俊一さん、そして研究会を通してお世話になった中尾麻伊香さん、櫻井悟史さん、小丸超さん、水出幸輝さん、また読書会を一緒に行っている大月功雄さん、宮下祥子さん、鈴木裕貴さんにも、何度も原稿を見ていただいた。他にも全ての方の名前を挙げることは出来ず心苦しいが、多くの先生方や先輩、友人にお世話になったことについて、改めて感謝を記したい。

ベースボール・マガジン社に関連する資料の収集・調査に際しては、池田記念美術館の館長・高橋良一様、ベースボール・マガジン社の玉木洋三様、安田正哉様のお力添えを頂いた。高橋様と安田様には同社新潟支社の資料室をご案内していただき、公立の図書館にも所蔵のないような、様々な資料を見せていただだいた。また玉木様には同社の当時の状況について色々と教えていただき、また貴重な資料も頂戴した。心より御礼申し上げる。

本書の出版にあたっては、勉誠出版社長・岡田林太郎様に大変お世話になった。出版の機会を与えていただくとともに、筆者の筆の遅さからしばしばご迷惑をおかけすることもあったが、いつも丁寧に対応していただき、こうして刊行まで導いていただいた。

最後に、私事ながらこれまで応援し常に支えてくれた両親にこの本を捧げたい。

二〇一七年一一月

佐藤彰宣

索　引

【人　名】

【書名・雑誌名】

【事　項】

【著者プロフィール】　**佐藤彰宣**（さとう・あきのぶ）

1989年生まれ。立命館大学授業担当講師。立命館大学大学院社会学研究科博士課程修了、博士（社会学）。専門はメディア史、文化社会学。主要論文に、「野球雑誌をめぐる啓蒙と娯楽の拮抗――戦後初期における『ベースボール・マガジン』の変容」（『ソシオロジ』186号、2016年）、「戦後日本の雑誌メディアにおけるサッカー言説とその受容――「読むスポーツ」の規範と教養主義への近接」（『日本研究』25号、2016年）、共著として「『戦闘機』への執着――ミリタリー・ファンの成立と戦記雑誌の変容」（『「知覧」の誕生――特攻の記憶はいかに創られてきたのか』柏書房、2015年）など。

スポーツ雑誌《ざっし》のメディア史《し》
ベースボール・マガジン社《しゃ》と大衆教養主義《たいしゅうきょうようしゅぎ》

2018年1月10日　初版発行

著　者　佐藤彰宣
発行者　池嶋洋次
発行所　勉誠出版 株式会社
〒101-0051　東京都千代田区神田神保町3-10-2
TEL：(03)5215-9021（代）　FAX：(03)5215-9025
〈出版詳細情報〉http://bensei.jp

印刷・製本　中央精版印刷
ISBN 978-4-585-23060-1　C0036